El banco nuestro de cada día

Coordinación editorial:
DÉBORA FEELY

Diseño de tapa:
DCM DESIGN

ROBERT MARCUSE

El banco nuestro de cada día

Una visión desde adentro

GRANICA

BUENOS AIRES - MÉXICO - SANTIAGO - MONTEVIDEO

BUENOS AIRES Ediciones Granica S.A.
Lavalle 1634 - 3º G
C1048AAN Buenos Aires, Argentina
Tel.: +5411-4374-1456
Fax: +5411-4373-0669
E-mail: granica.ar@granicaeditor.com

MÉXICO Ediciones Granica México S.A. de C.V.
Valle de Bravo Nº 21
Col. El Mirador
53050 Naucalpan de Juárez, México
Tel.: +5255-5360-1010
Fax: +5255-5360-1100
E-mail: granica.mx@granicaeditor.com

SANTIAGO Ediciones Granica de Chile S.A.
Padre Alonso Ovalle 748
Santiago, Chile
E-mail: granica.cl@granicaeditor.com

MONTEVIDEO Ediciones Granica S.A.
Scoseria 2639 Bis
11300 Montevideo, Uruguay
Tel: +5982-712-4857 / +5982-712-4858
E-mail: granica.uy@granicaeditor.com

www.granica.com

Marcuse, Robert
    El banco nuestro de cada día : una visión desde
adentro . - 1a ed. - Buenos Aires : Granica, 2010.
    216 p. ; 15x22 cm.

    ISBN 978-950-641-588-4

    1. Finanzas. 2. Bancos. I. Título
CDD 332.12

ÍNDICE

LOS BANCOS NO SON COMO LOS PINTAN

Hace ya más de 25 años, la Federación Latinoamericana de Bancos, FELABAN, tuvo el honor y el acierto de publicar el primer libro de Robert Marcuse: *Operaciones bancarias internacionales en América Latina*. En vista del éxito de esa publicación y la gran demanda existente en nuestros países de material didáctico sobre la banca, la Federación, durante los años siguientes, difundió tres libros más de este prolífico y apreciado autor.

Robert Marcuse es un experimentado banquero, un estudioso que está siempre al día, un escritor con varios hijos-libros en su haber, un perspicaz analista de los hechos mundiales, un grato conversador, un amigo sincero, un latinoamericano de alma y corazón, un optimista perseverante y un viajero incansable, que a la manera de los viajeros de hace unos siglos, guarda recuerdos de lo que ve y lo que oye, y los transforma en anécdotas, en conceptos y en consejos que nunca sobran.

En el mundo globalizado de hoy, en el que las comunicaciones derrumban muros y barreras, y en el que todo parece avanzar a una velocidad vertiginosa, y cambiar o desaparecer tan pronto como nace, permanecer vigente tres décadas es toda una hazaña. Y eso es lo que Marcuse, autor de *El banco nuestro de cada día*, ha hecho, pues sus primeros libros siguen tan frescos, tan útiles y eficaces como lo eran durante las últimas décadas o como lo son sus libros más recientes.

El mundo ha cambiado en treinta años y ha puesto al servicio de la banca nuevas y poderosas herramientas. Sin embargo, a pesar de las máquinas, de los progresos y de los avances, hay algo que permanece. Es la relación entre el banquero, sus clientes y los ahorristas, que siguen siendo personas. Y de esa relación, de cómo es y cómo debe ser, es de lo que trata esencialmente *El banco nuestro de cada día*.

Sin clientes que acudan por créditos y sin depositantes o ahorristas, no existirían ni los bancos, ni los banqueros. Por eso, estos últimos, que ejercen una profesión noble y desempeñan un servicio público, deben tener presente en todo momento que la suya es una actividad que se desarrolla entre personas y que por tal razón no puede convertirse en un accionar frío y mecánico, y mucho menos en una relación impersonal, como si las personas fueran máquinas, que pertenecen al inventario y a los activos de la empresa.

Ser banquero no es fácil. Para ello, se requiere de estudios, preparación, experiencia, entrega, prudencia y, por sobre todo, de un contacto permanente con la realidad nacional e internacional. Los banqueros no pueden ser ni autistas, ni extraterrestres, porque si se alejan de la realidad y no le toman el pulso a los acontecimientos y tratan de comprender lo que a diario ocurre, lo que hagan quedará mal hecho.

El libro de Robert Marcuse, agradable y escrito en un tono cordial y amistoso, enfatiza precisamente eso, lo que es la realidad del banquero y lo que debe ser su desempeño y su misión.

Para los estudiantes que tienen la intención de iniciar una carrera bancaria y para los que ya están en el oficio con varios años de experiencia, este libro es de una enorme utilidad. Dice cosas que, por considerarse obvias o elementales, frecuentemente se olvidan o no se tienen presentes. Es una guía, una carta de navegación y un catálogo de observaciones y consejos, que ayudará a muchos a ser mejores en su profesión, a entenderla y quererla más, y a cambiar la imagen, en muchos casos distorsionada, de lo que son los bancos y los banqueros.

Los bancos son para cada día y para las 24 horas de todos los días. Esa afirmación es cierta hoy más que nunca, pues con las telecomunicaciones, Internet, los sistemas de audiorrespuesta y los cajeros automáticos, son numerosas las puertas que nunca se cierran, para entrar a un banco. Toda esa automatización, que a veces asusta y siempre maravilla, no debe conducir a la formación de banqueros autómatas; esta es una de las lecciones de Marcuse. A los clientes y a los depositantes, debe dárseles un trato personalizado. Elegir buenos clientes y conservarlos es parte del éxito de un buen banquero, y para ello debe conocerlos y tratarlos.

Si usted es banquero, este libro que está en sus manos, le ayudará a hacer negocios, a actuar con prudencia, a sopesar sus riesgos, a aprender de sus errores, a asesorar a sus clientes dándoles consejos objetivos. En otras palabras, le ayudará a ser un mejor banquero. Si usted es cliente, le ayudará, y mucho, a conocer cómo operan los bancos, a elegir mejor la entidad con la cual va a operar, y a descubrir que ni los bancos ni los banqueros son como la mayoría de la gente los visualiza o los pinta.

MARICIELO GLEN DE TOBÓN
Secretaria General de
la Federación Latinoamericana de Bancos

INTRODUCCIÓN

Muchos creen que todo está dicho. Quizás lo esté, aunque lo dudo.

Además, por suerte, la mayor parte de lo que fue dicho voló con el viento y, por ende, se puede repetir. Pero decir que todo está escrito, esto sí no es verdad.

Es cierto que algunos temas se repiten al infinito, con otras palabras, de varias maneras. Pero muchas cosas no se escriben porque no son consideradas serias o importantes, no están de moda o simplemente no se perciben.

El banco es como todo, ¿por qué habría de ser diferente?

Es un tema amplio, lleno de problemas y paradojas. Existen aspectos altamente técnicos, que requieren profundo estudio, conocimientos matemáticos, estadísticos, legales, fiscales, contables y muchos más. El crédito documentario es todo un monumento que merece ser descrito con la misma minuciosidad y reverencia que una catedral. El análisis de balances es una verdadera ciencia. Otras facetas requieren dominio de la computación, de la publicidad, del marketing.

Pero después de hablar de todos estos temas, discutirlos, analizarlos, disecarlos, ¿tendremos una imagen completa del banco?

De ninguna manera. Faltará todo lo demás.

Y a eso quiero referirme.

CAPÍTULO 1

BANQUEROS DE AYER Y DE HOY

¿Bancarios, o banqueros?

Hacía mucho que me preocupaba resolver este problema: ¿cuál es la diferencia entre bancario y banquero?

Debo confesar que al interés puramente académico del tema se agregaba el aspecto personal que le daba vital importancia y hacía difícil un análisis totalmente objetivo. Yo quería saber: ¿soy bancario, o soy banquero?

En los primeros tiempos de la banca, este problema no existía. El banquero era el dueño del banco, y el bancario era el que trabajaba para el banquero.

Los primeros banqueros eran, a la vez, el capitalista o socio principal del banco y su máxima autoridad ejecutiva. Cuando un banco progresaba, el banquero hacía fortuna, y cuando un banco quebraba, no cabían dudas con respecto a quién era el responsable. Ojalá siguiera siendo tan fácil hoy día.

Cuando el banquero moría, su hijo o su familia heredaban no solo su fortuna, sino también el banco. A veces, ahí empezaban los problemas. El hijo de un capitalista que hereda se convierte en capitalista, pero el hijo de un banquero, al fallecer su padre, no necesariamente se convierte en banquero.

De ser empresas de carácter esencialmente familiar, los bancos se convirtieron en asociaciones. A veces, había que recompensar al cajero que había trabajado veinticinco años para el banco sin sucumbir jamás a la tentación de llevarse la caja, asociándolo a la empresa. O un hijo poeta, consciente de su falta de capacidad o interés en el negocio bancario, encontraba más conveniente asociarse con uno de los más hábiles colaboradores de su padre para que este le manejase el banco.

Despersonalización del capital

El crecimiento y desarrollo de los bancos, y sus crecientes necesidades de capital, los llevó gradual y lógicamente a la sociedad anónima y a la utilización de capitales del público.

Si bien en la mayoría de los bancos seguían predominando grupos de capitalistas que los controlaban, poco a poco muchos de ellos fueron perdiendo su perfecta identificación con tal o cual banquero, y fue cobrando un cierto grado de verdad la percepción de que el banco es un ente anónimo.

Por otra parte, en algunos países latinoamericanos se produjeron nacionalizaciones de bancos. Los motivos fueron diversos, algunos más válidos que otros. El hecho de que los bancos proveen un servicio público fue uno de los más invocados. Pocos discuten este concepto, pero algunos no concuerdan con la idea de que el Estado sea el ente más capacitado para servir al público, es decir, el mejor banquero.

Otras nacionalizaciones fueron involuntarias, provocadas por quiebras o situaciones anormales en algunos bancos, que habrían perjudicado al público sin que se pudiese definir con claridad las responsabilidades y sin que nadie estuviese aparentemente dispuesto a pegarse el tiro de rigor.

Esto sucede porque algunos bancos se han vuelto "demasiado grandes para quebrar", porque su caída crearía una reacción en cadena catastrófica para la economía del país y, por lo tanto, quedan solo dos alternativas: su nacionalización, o su salvataje mediante una monumental ayuda monetaria por parte del gobierno, muy costosa para el país.

Tanto en los grandes bancos privados, constituidos en sociedades anónimas, como en las entidades estatales, la definición del banquero ha quedado gravemente comprometida. El o los principales accionistas no suelen ser personas perfectamente identificables, sino grandes sociedades anónimas y, por ende, no son ellos mismos los que dirigen el banco, sino gerentes o ejecutivos, contratados a ese efecto, que rara vez tienen una participación significativa en el capital bancario.

No hay duda de que en los bancos de antaño yo hubiese sido bancario. ¿Pero hoy? ¿Es el ejecutivo nada más que un funcionario bancario de alto nivel?

Creo, al fin, que el problema es algo artificial: es banquero el que actúa como si el banco fuera suyo, aunque no lo sea. Pero de esos quedan muy pocos.

Efectos del gigantismo y la mecanización

La transformación gradual de los bancos en gigantes, ya sea por crecimiento o por fusión, no solo provocó la despersonificación del capital, sino que además amenazó con hacer desaparecer por completo al banquero.

El desarrollo de algunos bancos implicó, primero, la multiplicación de sus agencias y sucursales, y un incremento de su personal subalterno frente a un número estable de banqueros.

Luego, un exceso de fusiones, provocadas en gran parte por la globalización de los mercados financieros, y una mecanización cada vez mayor de las transacciones bancarias, generaron despidos masivos de empleados e hicieron todavía más difícil el contacto del cliente con los banqueros. Instituciones que se habían caracterizado por su dinamismo y agilidad se volvieron pesadas y burocráticas.

El bancario que atiende al cliente no puede satisfacer sus ansias de información o sus necesidades de consejo y asesoramiento, ni su urgencia de definición. Por este motivo, el bancario se constituye en barrera infranqueable entre el cliente y el banquero.

Me acuerdo del caso de un cliente de primerísimo orden que se presentó a una agencia de banco para solicitar la apertura de un crédito documentario por u$s 2.000.000. Si bien la operación era del interés del banco y el cliente bien valía el riesgo crediticio involucrado, el gerente de la agencia no tenía poder de decisión por un monto tan elevado. Transmitió el pedido al gerente de grupo, quien tampoco estaba en condiciones de decidir. Este pasó la operación al vicepresidente del área, quien, a su vez, consultó al vicepresidente ejecutivo. Este último decidió elevar la operación a la consideración de la junta directiva. Esta se expidió favorablemente. La decisión fue transmitida por los canales que correspondían. Cuando el gerente de la agencia llamó al cliente por teléfono, ¡había pasado un mes!

El cliente agradeció, pero explicó que, vista la urgencia, había tenido que confiar la operación a un banco de menor envergadura pero con mayor agilidad. Por otra parte, la perfeccionada pero tonta computadora que confecciona el estado de cuenta del cliente repetía al infinito el mismo error, sin oír ni atender la queja del usuario.

Por momentos, el cliente pudo llegar a creer que todos los banqueros habían perecido y que, frente a él, solo quedaban bancos.

Pero el banco sin el banquero no puede existir. Frente a esta constatación, algunas entidades reaccionaron. Mediante descentralizaciones y otros medios, esos bancos buscan volver a ofrecer una atención más personalizada al cliente, porque un banquero que el cliente no ve es como el escritor que nadie lee.

Este fenómeno de incomunicación no se produce solamente entre el banquero y el cliente, sino también entre los bancos.

Los servicios de un banco se cansaban de reclamar a otra institución por la ejecución equivocada de una orden de pago. Parecía que los e-mails enviados se recibían y se abrían, pero o bien no había nadie capaz de interpretarlos y contestarlos, o bien no había nadie autorizado para hacerlo.

Nuestros servicios tenían instrucciones de hacer hasta tres reclamos y, después, elevar el problema a la alta gerencia.

Fue así como irregularidades en órdenes de pago por montos ínfimos a veces tenían que ser subsanadas mediante mensajes enviados por un gerente a la atención de un vicepresidente, con una absurda pérdida de tiempo para todas las partes involucradas.

Importancia del dinero

Fuera del ámbito familiar, el banquero es muy importante en la vida de muchos, aunque no se lo conozca personalmente.

En efecto: al médico se le confía lo más importante de todo, la salud y la vida, y al banquero lo que la mayoría de la gente considera en segundo lugar: el dinero.

Aunque hay quien piensa que el orden es inverso.

Los accionistas de un banco quieren que este, con el mejor manejo del dinero, genere dinero. Los depositantes quieren que su dinero se multiplique. Los clientes de crédito quieren que les presten dinero para poder hacer dinero.

Para el banquero, el dinero es el medio y el fin. El buen banquero debe poder reconciliar y satisfacer todas estas legítimas exigencias de dinero. O sea, debe producir dinero con dinero.

Lo más fácil sería imprimirlo. Pero hace mucho que la banca privada dejó de tener ese privilegio. Ahora hay que buscar medios más sofisticados y honestos.

Además, todos los antes nombrados no quieren solamente más dinero, sino también comprar más cosas.

La gente se ha vuelto muy exigente y la culpa no es de los banqueros, sino de los economistas que no han encontrado nada mejor que vulgarizar la noción de inflación.

Volveremos sobre el tema.

El dinero propio y el ajeno

En los primeros tiempos de la banca, siendo el banquero a la vez dueño y gerente de la institución, manejaba simultáneamente plata propia y ajena, o sea, el capital del banco y sus depósitos.

Por eso, una condición primordial para el banquero es ser honesto. En aquellos tiempos, era quizás aún más importante que hoy, pues esa promiscuidad entre la plata propia y la ajena podía parecerles algo inquietante a algunos clientes. La posible ventaja residía en el hecho que, en cada operación que hacía con el dinero de sus depositantes, el banquero se constituía en socio de los mismos y compartía el riesgo tomado. Por lo tanto, si el negocio era malo, el banquero sufría las consecuencias en carne propia. De esta forma, se podía pensar que el banquero no cometería imprudencias, de la misma forma que el piloto de un avión no cometerá imprudencias porque si la aeronave se cae, él también. Es un argumento debatible.

En efecto, también puede pensarse que se toman mejores decisiones cuando no hay factores emocionales envueltos. O sea, que es más fácil tomar una decisión objetiva cuando concierne el uso del capital ajeno, ya que la utilización del propio aporta inevitablemente consideraciones subjetivas a la decisión.

Hoy en día, cuando el banquero rara vez es el dueño del banco, su dinero es claramente diferenciable del de los depositantes, primero, por su modesto volumen y, segundo, porque en general lo tiene depositado en otro banco.

Independientemente de esto, sigue siendo primordial que sea honesto. No hay cosa más peligrosa que un banquero amigo de lo ajeno, por lo accesible que tiene "lo ajeno". Por ende, es conveniente que el banquero tenga un interés intelectual por el dinero pero que sea capaz de manejarlo sin emoción, como un cirujano opera el cuerpo del paciente. Debe respetar el dinero, no amarlo. Interesarse por él pero no demasiado.

CAPÍTULO 2

CÓMO SER BANQUERO

Aprendizaje

Siempre he tenido la opinión que por más que existan cursos y estudios que ayuden a su formación, ser banquero es un oficio que se aprende en el banco.

Es que el oficio de banquero no es una especialización, sino una generalización.

Dije, una vez, un día de mal humor, que los banqueros somos las personas más ignorantes del mundo porque tocamos todos los campos de actividad sin conocer ninguno a fondo.

Claro que, viendo el problema desde otra óptica, se podría decir que el banquero es, o debería ser, una persona con gran cultura general. En este mundo donde cada uno se vuelve especialista en algo, el banquero es un ser anticuado, anacrónico.

En efecto, creo que la computación es, hoy, indispensable en la vida de cualquier banco a pesar de que, hace apenas una generación, los bancos no habían siquiera oído hablar de las posibilidades de la informática. Sin embargo, dentro del banco, el experto en computación no es banquero y la mayoría de los banqueros siguen entendiendo poco o nada de computación. De la misma manera, tampoco son banqueros el cambista, el especialista en marketing, el jefe del departamento de créditos documentarios e incluso el contador general.

El banco está lleno de especialistas y, aunque pueda parecer extraño, tiene muy pocos banqueros ya que, para ello, deben dejar de ser especialistas.

Los estudios universitarios siempre son un activo, aun cuando no sean los correspondientes a la carrera que uno va a seguir después. Constituyen, por lo menos, un excelente entrenamiento, una disciplina y ordenamiento en la manera de pensar. Si bien el banquero, por inclinación natural, es más pragmático que teórico, los conocimientos académicos le serán útiles. Para poder darse el lujo de ser pintor abstracto, hay que haber aprendido primero a dibujar. Para poder descartar o abandonar teorías, primero hay que conocerlas. Por ende, los cursos de administración de negocios y de economía no están de más.

Sin embargo, yo recomendaría, a quien piense seguir la carrera y tenga ambiciones de llegar a banquero, que haga sobre todo estudios generales, siendo consciente de que incluso los conocimientos de psicología y sociología le serán quizás un día de tanta utilidad o mayor que los de matemáticas o economía. Y después, que entre rápido al banco, porque si tiene condiciones, la práctica le enseñará más que la teoría.

En realidad, muchos banqueros saben algo de economía, aunque pocos economistas saben de banca. El problema del economista es que quiere aplicar hoy lo que estudió ayer. Lo ideal sería poder aplicar ayer lo que uno estudia hoy.

Un amigo me decía que la diferencia entre los banqueros y los economistas es que los primeros a veces se equivocan. Hoy, desgraciadamente, algunas personas piensan que ambos se equivocan por igual.

En la práctica, el banquero deberá abandonar mucho de lo que ha aprendido antes de ser banquero justamente para llegar a serlo. En general, preferirá manejar hechos en vez de conjeturas. La inestabilidad del mundo en que vivimos –llámese inflación, recesión, fluctuaciones cambiarias o de otra manera– no hace más que alentarlo en ese camino. Preferirá basar sus juicios sobre cifras que reflejan lo sucedido, más que sobre proyecciones que pretenden reflejar lo que va a suceder.

Los últimos tres balances de una empresa, si son debidamente interpretados, representan la realidad de una tendencia. Su comparación con los balances de otras compañías dedicadas a la misma actividad darán un punto de referencia real. El balance y el flujo de caja de una empresa, proyectados hacia los años venideros, no constituirán más que una expresión de deseo de lo que debería suceder. Este, como todo deseo, estará basado en consideraciones y conjeturas, que aun siendo objetivas, no dejarán de ser meras presunciones.

Esto no significa que el banquero no hará previsiones ni tomará a diario decisiones basadas en ellas. Pero sus previsiones generalmente abarcarán solo tendencias. El banquero prudente debe tener la capacidad para reconocer los signos precursores de la inflación, de la recesión o de una devaluación de la moneda, pero rara vez será tan atrevido como para pronosticar "cuándo" y "cuánto".

La vocación

¿Existe la vocación de banquero? Francamente creo que no. La mayoría de los mejores banqueros que conozco llegaron a serlo por razones circunstanciales.

¿Por qué no existe tal vocación?

Probablemente por el hecho, ya señalado, de que no es una especialización. Es fácil saber si uno tiene vocación de cirujano, dentista, ingeniero electrónico, arquitecto o abogado, pero: ¿vocación de banquero?

No existe en realidad una definición clara de qué es, o debe ser, un banquero o la carrera bancaria.

¿Acaso el banquero es un simple intermediario entre los que tienen dinero disponible y los que necesitan utilizarlo? Creo que es mucho más que eso, pero casi nadie lo sabe excepto el banquero, y este no lo dice.

Habría que agregar que un banquero no termina nunca de formarse. Vive de sus experiencias diarias, de los contactos con toda clase de gente y sus problemas. Un banquero vive del banco.

Dije que un banco no existe sin el banquero, pero este tampoco existe sin el banco.

Algunos por cansancio, o por aspirar a obtener un poco más de la materia prima que manejan, el dinero, se retiran y establecen oficinas de consultoría financiera. No dudo que la experiencia adquirida les sea útil, que pueden ofrecer servicios necesarios y consejos válidos. Pero sin el banco para nutrirlo día a día de nuevas experiencias, el ex banquero ya no es lo que era.

Personalidad del banquero

Solía existir una estrecha relación entre banco y banquero. Algunas instituciones acumulaban tradiciones y costumbres a través de los años, a las cuales los sucesivos banqueros que pasaban por ella se amoldaban consciente o inconscientemente. Es así que se podía reconocer a algunos funcionarios, por su modo de actuar, como "típicos" de una u otra empresa. Sin embargo, creo que si, en general, el banco daba identidad al bancario, era el banquero quien daba identidad a la institución.

Muchas veces, un banco del cual había oído hablar muy poco, de repente se mostraba sumamente agresivo, estaba detrás de cada negocio que nosotros mismos buscábamos, visitaba los mismos clientes, emprendía los mismos viajes. Yo me decía: "alguien llegó", y, al hacer averiguaciones, descubría que, en efecto, ese banco acababa de incorporar un nuevo ejecutivo. También sucedían casos inversos, en que una entidad sumamente dinámica dejaba de serlo. Pensaba: "alguien se fue", y, al averiguar, constataba que, efectivamente, un directivo se había marchado.

Esto sucede porque, por más esfuerzos que se hagan hacia la despersonificación, una empresa no es una empresa y un banco no es un banco: ambos son lo que sus ejecutivos construyen y asumen la personalidad de los mismos.

Teoría de la edad profesional

Muchas veces me han preguntado a partir de qué edad puede uno llegar a ser banquero. Esto es muy difícil de contestar, ya que varía según los individuos. Hay banqueros muy jóvenes, lo cual no quiere decir que todos lograrán ese objetivo con la misma facilidad y en el mismo lapso. Como ya lo indiqué, la mejor manera de llegar a ser banquero joven es empezando la carrera temprano.

El que entre en un banco a los dieciocho años le lleva (teóricamente) siete años de ventaja al que ingresa a los veinticinco porque el banquero se forma en el banco sobre la base de la acumulación de experiencias, lo cual es más importante en esta carrera que en otras. Sin embargo, aquí hay que considerar el fenómeno de la edad profesional.

Es un hecho conocido que tenemos varias personalidades que luchan entre sí por la preponderancia.

También tenemos varias edades. La más conocida es la que se mide en términos del tiempo transcurrido desde el nacimiento. Sin embargo, no es siempre la más importante. Tenemos otra edad que corresponde, por ejemplo, a nuestro estado físico. Un hombre de cuarenta y cinco años puede ser más joven físicamente que otro de treinta y cinco. Ello dependerá de la vida que llevó, de las enfermedades que tuvo, del cuidado de sí mismo. Hombres nacidos en la misma fecha pueden tener distintas edades emocionales, culturales o sexuales. A estas se suma la edad profesional.

Para la obtención de la madurez profesional hace falta inteligencia, claro está, pero sobre todo, y más aún para el banquero, experiencia.

Esto podría significar que para dos banqueros nacidos en el mismo año, que ingresaron simultáneamente al banco y que han vivido el mismo número de experiencias, la edad profesional sería también la misma, pero no es así. La edad profesional no está basada sobre la cantidad de experiencias vividas, sino en el número de las que han sido efectivamente asimiladas.

Solo las experiencias que le enseñaron algo a uno, las que se han retenido, podrán ser aprovechadas de manera efectiva más adelante.

Por ende, volviendo a nuestros dos amigos banqueros, suponiendo que al cabo de diez años de banco han tenido cada uno, digamos, diez mil experiencias profesionales, uno de ellos pudo haber absorbido nueve mil, mientras que el otro solo retuvo cuatro mil quinientas de esas experiencias. Si bien seguirán teniendo la misma edad y los mismos años de banco, el primero duplicará en edad profesional a su colega.

Esto debería demostrar que se puede llegar a ser un banquero joven. Pero no demasiado joven, porque, por más brillante que uno sea, ¡a una experiencia cero corresponde una edad profesional también de cero!

Problemas ambientales

Hay otros factores que cuentan en la determinación de la edad a la cual se puede ocupar ciertos puestos ejecutivos. Es conocido que la actitud hacia el profesional joven es, todavía hoy en día, bien distinta en Europa que en los Estados Unidos, por ejemplo. En los países del viejo continente se mira con cierto recelo al ejecutivo imberbe. En los Estados Unidos, quizás por ser país de un continente joven, por su misma historia donde los hombres jóvenes y fuertes eran tan necesarios como los sabios y experimentados, o tal vez por la famosa característica norteamericana del *baby face*, que hace difícil distinguir al hombre maduro del joven, se tienen menos reservas respecto del hombre de negocios poco entrado en años.

Me acuerdo que un día el presidente de un importante banco estadounidense preguntó mi opinión sobre la oportunidad de nombrar representante de su banco a un brillante jovencito. Muy a mi pesar tuve que desaconsejarle la medida. Seguramente el joven en cuestión tenía la capacidad necesaria, e incluso es posible que tuviese la edad profesional adecuada. Pero la costumbre en el país donde iba a tener que desarrollar su actividad era netamente desfavorable a los ejecutivos jóvenes y, por ende, todo hacía pensar que sería mal recibido y probablemente fracasaría.

Tal situación era injusta, como también lo es la actitud en ciertos países hacia la mujer como profesional. Pero mientras estas situaciones existan, la decisión práctica de un banco deberá ser buscar otro destino para sus ejecutivos jóvenes.

La verdad sobre la intuición

"Por suerte, el cliente nunca llega a saber que una operación
le ha sido negada por llevar corbata verde."

Existe una discusión frecuente con respecto a qué es más importante para el banquero: la experiencia, o la intuición.

Un amigo banquero me decía: "Cuando un cliente entra en mi oficina sé si le voy a otorgar el crédito que viene a solicitarme antes de que abra la boca". En efecto, la mayoría de los banqueros han experimentado este fenómeno. Una vocecita interior les dice "sí", o "no", a primera vista. Después, el problema se limita (y no siempre es fácil) a encontrar las razones técnicas y los argumentos lógicos que avalen la decisión tomada, tanto para justificarse ante el cliente como frente a sí mismo.

Sin embargo, a veces el banquero no encuentra –después del análisis minucioso de una operación– razón alguna para rechazarla, aun cuando sabe que es lo que debería hacer. Entonces, haciendo un esfuerzo, en un acto que cree de auto-disciplina, deja a un lado sus absurdos e ilógicos presentimientos, y otorga su aprobación para la transacción. Los bancos tienen prevista una provisión para "contingencias" de cartera, o sea para pérdidas, para estos inevitables casos.

Lo que antecede parecería demostrar que la intuición es efectivamente más importante que una aparente lógica. Podría ser cierto si existiera la intuición, pero no es así.

Las decisiones que llamamos "intuitivas" se basan mucho más sobre la experiencia que las demás. En efecto, en el poco tiempo del que dispone un banquero mientras discute la operación con el cliente, apenas puede hacer un análisis somero de lo que le están proponiendo y recordar unas pocas experiencias pasadas como puntos de referencia. Por suerte, mientras reflexiona consciente y lentamente, su subconsciente trabaja también, solo que a una velocidad mil veces mayor. Como una supercomputadora repasa, a la velocidad de la luz, el banco de datos de su cerebro. Se consultan todas las experiencias pasadas, así como las relaciones entre los millares de elementos contenidos en cada una. ¿Cuántos clientes atendidos tenían una corbata verde con rayitas negras y blancas? ¿Cuántos tenían esos ojos de un gris indefinido? ¿Ese tono de voz? ¿Cuántos se sentaban de esa manera? ¿Qué pasó con las operaciones presentadas por esos clientes? Por suerte, el cliente nunca llega a saber que una operación le ha sido negada por llevar corbata verde.

Todos los banqueros tienen una computadora interna, pero esta funciona solamente si está bien alimentada de datos. Lo cual demuestra que la experiencia no es reemplazable.

CAPÍTULO 3

BANCO E INFLACIÓN

Alguien se preguntará por qué elijo hablar de inflación antes de referirme a recesión, cuando todos sabemos que el mundo atraviesa ahora una crisis recesiva. Quizás lo hago porque las crisis inflacionarias han sido tan violentas en América Latina, que se tuvo que inventar la palabra "hiperinflación", mientras que los términos "hiperrecesión" o "hiperdeflación" todavía no fueron acuñados. Sin embargo, no tiene importancia de cuál de estas dos enfermedades económicas hable primero, visto que ambas son cíclicas y las sufriremos en algún momento de nuestra vida profesional.

Uno de los síntomas más claros de la inflación es que la gente empiece a medir el dinero por lo que puede comprar, en vez de medir las cosas que quiere comprar por el dinero que cuestan.

En un pasado no muy lejano, en América Latina, no se podía hablar de banco sin hablar de inflación, no se podía hablar de nada sin hablar de inflación. Era un mal que había penetrado directa e indirectamente en todas las áreas de nuestra vida en sociedad.

La inflación, que originalmente era tema para economistas, hoy se ha vulgarizado, porque todos la hemos vivido. Ningún banquero puede ignorarla sin arriesgarse al fracaso, ya que, si bien en muchos de nuestros países ha sido controlada, puede regresar en cualquier momento.

En tiempos de inflación, ya no es suficiente conocer los caminos del dinero, hay que saber distinguir el dinero verdadero del falso porque para saber la verdad, de cada montoncito de dinero, de cada suma, de cada resta, hay que eliminar el dinero inflacionario. Es difícil, pues en apariencia este último es igualito al verdadero.

Un amigo que vive en un país que tiene un altísimo nivel de inflación, al enterarse de que estoy escribiendo *El banco nuestro de cada día,* me comentó: "¡Si vivieras aquí, tendrías que escribir el banco nuestro de cada minuto!".

La inflación no solo significa que se necesita más dinero para comprar, sino también que se necesita más dinero para hacer cosas o desarrollar cualquier actividad.

Para el banquero, la inflación significa la doble obligación de revisar su propia política financiera y su relación con su clientela de crédito.

La institución frente a la inflación

En períodos de alta inflación, las técnicas bancarias clásicas deben ser revisadas. Un préstamo, en tiempos normales, puede ser otorgado con intereses pagaderos al vencimiento de la obligación, o por descuento, con intereses pagaderos por anticipado. Todos sabemos que una tasa de interés pagadera anticipadamente representa un costo mayor que la misma tasa de interés pagadera al vencimiento. Más suben las tasas de interés, mayor es la diferencia de costo. Hasta se podría llegar a una situación totalmente absurda, cuando la tasa de interés llegue a un 100% (en varios países ha ocurrido esto alguna vez). Un cliente se presenta a un banco y solicita un préstamo de 10.000.000 de la moneda local por un año. Se le concede el crédito bajo forma de descuento de pagaré al 100%. El cliente firma el pagaré correspondiente por 10.000.000. El banco se lo descuenta. El cliente se va contento, sin haber recibido un centavo, ¡pero debiendo 10.000.000 más que cuando entró al banco!

Todo esto significa que, a partir de cierto nivel de inflación, los bancos no pueden utilizar más el tradicional descuento, por ejemplo.

En tales circunstancias, todo el razonamiento y enfoque del banquero al otorgar un crédito, debe alterarse.

Tasas de interés

Aunque no exista una adecuación perfecta de las tasas de interés a la tasa de inflación, sí existe una estrecha e inevitable relación entre ellas. La inflación, asimismo, tiene repercusiones importantes en la liquidez de los bancos y en el manejo de sus tesorerías. No hay que olvidar que, si bien en forma diferida, actúa también sobre los tipos de cambio, o sea, sobre la relación entre la moneda del país que sufre la inflación y la de los demás países.

Sería magnífico poder analizar los efectos que tiene la inflación sobre cada uno de estos aspectos de la actividad bancaria y proponer a los bancos de antemano una receta. Pero resulta difícil, porque los que rigen las políticas de los países sobre esta materia no son los banqueros, sino los economistas del gobierno.

Las tendencias de la economía pueden ser detectadas, y sus efectos, previstos. Pero las medidas económicas son casi siempre artificiales e impredecibles, porque no derivan de las tendencias naturales, sino de la fantasía de la mente humana. Recuerdo que dos países vecinos combatieron la inflación de maneras diferentes: uno, mediante el alza de las tasas de interés, y el otro, a través del mantenimiento forzoso de tasas bajas y negativas. El argumento a favor de las altas tasas de interés fue que, encareciendo el dinero, se tendía a disminuir la utilización del crédito y, consecuentemente, la circulación monetaria. El argumento a favor de las tasas bajas fue que las tasas elevadas encarecían todo el proceso de producción y agregaban otro factor inflacionario a la economía.

También vimos al Banco de la Reserva Federal de los Estados Unidos utilizar, durante años, una política monetaria simplista, que le dio buenos resultados gracias a las características de la mentalidad estadounidense. Se limitó sencillamente a elevar las tasas de interés para frenar una inflación que se vislumbraba en el horizonte, o a bajar las tasas de interés para reactivar la economía cuando la tendencia era recesiva.

El error del banco central estadounidense probablemente sea creer que una misma política monetaria, o la aplicación de una teoría económica, dará siempre los mismos resultados sin tener en cuenta cuándo y dónde se aplica.

La mejor demostración de que una teoría económica es solo eso, y no una ley, es que su aplicación puede dar resultados opuestos según donde se aplique.

La suba de la tasa de interés para frenar la inflación funcionó para el Banco de la Reserva Federal porque el hombre de negocios estadounidense suele pensar: "El banco central subió las tasas de interés. Antes de solicitar un préstamo, voy a esperar que las tasas bajen de nuevo a su nivel normal". Mientras que en la mayoría de los países de América Latina la reacción del hombre de negocios (basada en sus experiencias pasadas) sería diferente: "Voy a pedir un préstamo rápido, antes que las tasas de interés suban más".

¿Quién tiene razón? Todos, y ninguno. No es usual que las situaciones se repitan en forma idéntica, ni de un país a otro, ni en el mismo país en épocas diferentes. Lo que ayer fue verdad será falso mañana, y viceversa. La economía es una cosa viva, en evolución constante, y es influida incluso por fenómenos que le son ajenos; como por ejemplo, problemas sociales, políticos o psicológicos.

Independientemente de lo que antecede, existen algunos factores previsibles que afectarán la actividad de los bancos en épocas inflacionarias y que deben ser tenidos en cuenta:

1) Casi inevitablemente se producirá un alza de las tasas de interés. Sin embargo, si por razones políticas (que son las que predominan en la toma de decisiones en el área económica) las autoridades quieren limitar esa alza, es probable que la limitación decretada afecte más los intereses activos que los pasivos. Es probable que esto provoque una disminución del margen entre ambos, con el resultado de una menor utilidad para la actividad principal del banco: la crediticia. En previsión de tal situación, puede ser oportuno activar todos los departamentos dedicados a la intermediación, que producen utilidades por comisiones y no por intereses. Por otra parte, puede convenir estudiar la emisión de obligaciones o la concertación de un préstamo de cierto volumen a mediano o largo plazo, preferentemente a tasa fija. Si las tasas de interés se vuelven negativas, también será necesario modificar las relaciones crediticias con los clientes, exigiéndoles una mejor y más diversificada reciprocidad.

2) Después de cierto tiempo, se producirá probablemente una situación de iliquidez en la plaza financiera debido a que las autoridades monetarias buscarán de todos modos reducir la liquidez.

3) Son de esperar, también, modificaciones de las paridades cambiarias.

Mucha gente se pregunta por qué una fuerte inflación suele ser seguida de una devaluación (y viceversa). La respuesta es muy simple: la inflación y la devaluación son dos aspectos de un mismo fenómeno. En otras palabras, la inflación es la pérdida de poder adquisitivo de una moneda en el país que la emite, mientras que la devaluación es la pérdida de poder adquisitivo de la misma moneda en el exterior. Es difícil que una moneda pierda valor dentro del país sin perderlo también en el exterior. Por lo tanto, si bien la inflación y la devaluación no se producen siempre en forma simultánea, en general, siendo hermanas, se siguen de cerca.

Según la situación en que se encuentre un país determinado, una devaluación puede ser evitada artificialmente por un tiempo más o menos prolongado, pero siempre terminará produciéndose.

Cuanto más tiempo se mantenga en forma artificial una determinada tasa de cambio, más violento será el impacto cuando la modificación se produzca. Las autoridades monetarias frecuentemente tienden a resistir los ajustes del tipo de cambio –sobre todo cuando se trata de devaluar. Por razones diversas, la palabra devaluación ha adquirido una connotación peyorativa. Se la considera un sinónimo de fracaso, en vez de un simple ajuste técnico. Es poco lógico, cuando se piensa en los problemas que han tenido algunos países que se vieron forzados a revaluar su moneda.

En vista de lo que antecede, los bancos, en períodos de inflación, deberán tener particular cuidado en lo que se refiere a sus operaciones de cambio, tratando de mantener una posición de cambio siempre cubierta.

Los clientes ante la inflación

En épocas inflacionarias, el banquero deberá convertirse, más que nunca, en el asesor financiero de su cliente. A veces, le hará un mayor favor a este negándole un crédito que concediéndoselo.

Lo primero que el banquero constatará es que sus clientes, para desarrollar la misma actividad comercial o industrial que el año anterior, deberán recurrir a una mayor utilización de crédito y, por ende, la relación entre recursos propios y deudas irá deteriorándose rápidamente en sus balances.

Para compensar esa situación, si la ley lo permite, procederán a revaluar sus activos fijos, lo cual paliará en algo la situación descrita, pero no mejorará en nada, claro está, la liquidez de la empresa.

La situación empeorará, porque es posible que la firma no pueda incrementar sus utilidades en un porcentaje equivalente a la tasa de inflación. El banquero, sin embargo, por la fuerza de la costumbre, continuará viendo con moderada preocupación el balance de una firma que ostenta una utilidad del diez por ciento, pensando que si bien es un resultado modesto, sigue tratándose de una utilidad. Se preocupará fuertemente por el resultado negativo de otra firma que arroja una pérdida del cinco por ciento. Empero, siendo la tasa inflacionaria del treinta y cinco por ciento, caerá en un profundo error si no se da cuenta de que ambas empresas están en pérdida, y que el punto de división entre pérdida y ganancia no está en cero, sino en treinta y cinco. En esas condiciones, una empresa que haya ganado cuarenta y cinco por ciento, no habrá ganado más que otra que haya ganado el quince por ciento cuando la tasa de inflación era de solo cinco por ciento. Si la empresa que aparenta haber ganado veinticinco por ciento distribuye esta ganancia en un dividendo en efectivo, se descapitaliza sin que, en cifras absolutas, esto aparezca en el balance. Si distribuye un dividendo en acciones, parece estar aumentando su capital cuando en realidad se descapitaliza también, aunque menos.

En un país donde se pierde el control sobre la inflación, es difícil que las tasas de interés se ajusten apropiadamente a las fluctuaciones de la propia inflación. Si las tasas de interés son inferiores a la inflación, se las denomina negativas. Endeudarse aumenta el peligro del creciente desequilibrio de los balances. Muchos clientes olvidan, en esos casos, que el incremento del endeudamiento puede justificarse solo si logra obtener beneficios superiores a la tasa de inflación. Con tasas negativas, los depositantes son los castigados y se van descapitalizando gradualmente, a menudo sin darse cuenta de ello.

Si las tasas son superiores a la inflación, son positivas, pero si ya son altas de por sí, hacen cada vez más difícil para la empresa obtener resultados positivos en términos reales. Las altas tasas de interés inciden cada vez más en los costos de producción y se convierten en otro elemento inflacionario.

Desafortunadamente, los sanos consejos que el banquero puede dar a sus clientes no serán siempre escuchados. Los accionistas no estarán siempre de acuerdo en reinvertir la totalidad de las utilidades en la empresa con el fin de que la misma no se descapitalice y que la utilización de crédito caro no reduzca a su vez las utilidades, iniciando un círculo vicioso que puede llevar lisa y llanamente a la quiebra. La reducción de los plazos de pago a los compradores puede ser vista también como un freno al incremento de las ventas y, por ende, podría ser resistido. Sin embargo, el incremento de las ventas no debería ser un fin en sí, sino un medio para obtener mayores utilidades en términos "reales".

Además, los consejos deberán ser diferentes según la etapa de inflación que el mercado esté atravesando. Existe casi siempre una fase durante la cual los precios de venta siguen o preceden alegremente la tasa inflacionaria. Pero puede llegar un momento en que el mercado ya no absorba el aumento de precios. Esto varía también según el producto. Cuando sucede, se produce uno de los peores males de nuestra época: la inflación con recesión. Los costos siguen en aumento y los clientes necesitan mayores créditos, pero no para financiar ventas adicionales, sino para financiar existencias. En tales condiciones, se suele llegar a la quiebra, solo que más rápido.

CAPÍTULO 4

BANCO Y RECESIÓN

Las crisis pueden ocurrir por razones internas, o externas

Un banco puede atravesar una crisis por razones internas o externas. Es relativamente fácil distinguirlas.

Cuando una entidad enfrenta problemas que no tiene el resto del sistema bancario, la causa debe buscarse en su interior. Aunque pueden tener distintas causas, los problemas más frecuentes están relacionados con una mala gestión de la institución. Por más que se busquen responsables en uno u otro departamento del banco (es decir, chivos emisarios), y por más que se encuentren fallas humanas o de organización, la culpa real recae sobre la gerencia general, la que debe responder por sus funcionarios y por todas las fallas que puedan tener.

Por el contrario, cuando el banco sufre las mismas dificultades que sus competidores, la fuente de la crisis se encuentra generalmente en factores externos. Las enfermedades de la economía producen un impacto negativo en la gestión de los bancos. Ya hemos visto las consecuencias nefastas que tiene la inflación sobre las gestiones de la banca.

La recesión es otra enfermedad económica. En el mundo capitalista, se alternan, con frecuencia variable, los ciclos de auge y crecimiento con los de estancamiento y recesión.

La inflación puede ser precursora de una recesión

Un crecimiento demasiado acelerado de la economía suele "recalentarla" y provocar inflación. Existen varias medidas drásticas que las autoridades competentes suelen tomar para frenar la inflación, como:

1) la reducción de la liquidez monetaria (mediante la suspensión del redescuento por parte del Banco Central, el alza de las tasas de interés y la emisión de bonos del tesoro, por ejemplo);
2) el control de precios y salarios;
3) el mantenimiento de una moneda nacional sobre-valuada.

Estas medidas pueden iniciar un proceso recesivo, lo que equivale a pasar de Guatemala a Guatepeor.

Otras causas para la recesión

Las causas de la recesión también pueden encontrarse entre circunstancias o acontecimientos naturales, por lo que no siempre se pueden achacar al gobierno de turno.

a) En ciertos países latinoamericanos, la *globalización* ha provocado el cierre de fábricas y empresas cuyos productos no podían competir con los importados.
b) Por otra parte, las *fusiones*, a las que la globalización obliga con frecuencia, se llevan a cabo principalmente para lograr economías de escala que, a su vez, involucran el despido masivo de personal.

c) Finalmente, los progresos tecnológicos también contribuyen al reemplazo de muchos trabajadores por varios tipos de sistemas automatizados.

Al aumentar el desempleo, disminuye el consumo y, cuando esto sucede, se reduce la producción y los beneficios de las empresas, todo lo cual crea un círculo vicioso que termina en recesión o incluso en depresión (pues la depresión es a la recesión lo que la hiperinflación es a la inflación).

Además, hay que decir que las recesiones no siempre se deben a acontecimientos locales. En un mundo cada vez más globalizado, las crisis se propagan de un país a otro y se produce lo que llamamos el "efecto dominó". La recesión ajena es contagiosa sobre todo para aquellos países cuyo desarrollo depende principalmente del crecimiento de sus exportaciones.

La crisis económica en los Estados Unidos y en el mundo

Mucha gente responsabiliza a los bancos, principalmente a los de los Estados Unidos de América, por la recesión que se propagó por el mundo como tinta derramada.

No cabe duda de que la concesión masiva e irreflexiva de créditos con garantías hipotecarias insuficientes, o a beneficiarios que no se los podían permitir, ha sido una de las causas más importantes, y posiblemente el primer detonante, de la crisis. Pero no debemos simplificar demasiado el problema. La crisis no tuvo una, sino múltiples causas, y no surgió solo de los errores cometidos durante los últimos dos años, sino de todos los que se acumularon durante un decenio. Tampoco puede decirse que los errores fueron monopolizados por la banca, pues tanto los gobiernos como los bancos centrales, las empresas industriales y comerciales, los economistas, la prensa, los clientes de la banca y el público en general tuvieron su participación. En todos estos niveles se produjeron errores, se dijeron mentiras, se emitieron falsas teorías, hubo una codicia excesiva y, ¿por qué no confesarlo?, se produjo una epidemia de corrupción.

¿Qué responsabilidad se les puede achacar específicamente a los bancos y a los banqueros por la crisis?

Probablemente, la de:

1) Haberse empecinado en crecer más allá de lo razonable. En efecto, no es posible que un gerente general, o una gerencia general, pueda supervisar, controlar y dirigir una institución de tal tamaño.

2) Haber permitido que sus directores, gerentes generales o gerencia general olvidaran que tienen que asumir toda la responsabilidad por lo que hacen sus bancos, sus funcionarios y empleados.

3) Haber dejado que "especialistas" dentro del banco realizaran operaciones sofisticadas que ellos, los responsables, no entendían. Olvidando, además, que esas operaciones "nuevas" no estaban adecuadamente reglamentadas porque los mismos supervisores de la banca tampoco las comprendían bien todavía.

4) No haber hecho una clara distinción entre las operaciones clásicas de la banca comercial y las de la banca de inversión, permitiendo a sus servicios realizar, entre otras, operaciones de titulación de diversos activos para poder venderlos al público en general y multiplicar así sus transacciones más allá de lo que su capitalización permitía. O, en otros casos, deshaciéndose simplemente de activos que no consideraban sólidos, transfiriendo el riesgo corres-

pondiente a terceros, perjudicando así, a veces con conocimiento de causa, a su propia clientela.

5) Por el exceso de fusiones y frecuentes cambios de accionistas, haber perdido el espíritu de equipo y la estrecha y necesaria relación entre la dirección, los funcionarios y los empleados de las instituciones bancarias.

6) Por una exagerada mecanización y el excesivo recurso a la tecnología, haber perdido el contacto directo con su clientela conociéndola, por lo tanto, menos en vez de mejor.

7) No haber dedicado tiempo y esfuerzos suficientes a la formación de sus funcionarios y empleados.

8) No haber resistido algunas exigencias irracionales y contraproducentes de las autoridades de supervisión bancaria, cuando estas los distraían de sus funciones básicas.

9) Haber utilizado los servicios de empresas ajenas al banco (supuestamente especializadas) para la evaluación de los bienes inmuebles que constituían sus garantías sobre los préstamos hipotecarios.

10) Haber demostrado una sorprendente despreocupación por –y un desconocimiento de– los fenómenos económicos.

En su tiempo los bancos de ahorro y préstamo, o *"Savings and Loans"*, ignoraron el riesgo que suponía una fuerte inflación, con la consiguiente suba de las tasas de interés, y siguieron concediendo préstamos a largo plazo a tasas de interés fijas. Esta vez, los bancos ignoraron la posibilidad y el riesgo de una sobrevaluación en el sector inmobiliario y siguieron concediendo préstamos hipotecarios con el mismo margen (o sin margen) de inversión por parte de los beneficiarios del crédito. De esta forma, otorgaron créditos a compradores no calificados o con garantías insuficientes, los que luego se llamaron "créditos hipotecarios creativos" o, en inglés, "*subprime*".

Las características de la recesión

La recesión puede reconocerse cuando se detectan varios fenómenos a la vez:

1) Las fábricas trabajan muy por debajo de su capacidad.
2) Los comercios venden poco y las tiendas están vacías o con escasos clientes.
3) Crece el número de desempleados que buscan desesperadamente algún trabajo.
4) Las empresas no pueden reembolsar préstamos tomados.
5) Algunos bancos (cuya cartera de préstamos es cada día más pesada y dudosa) se declaran al borde de la quiebra.
6) Los demás bancos no logran ni se atreven a conceder nuevos préstamos (ya que la única demanda de crédito que subsiste proviene de clientes que están en una situación financiera comprometida).

Una recesión aguda puede provocar incluso una deflación, cosa difícil de concebir en algunos países de América Latina, que han estado acostumbrados a sufrir, sobre todo, continuos procesos inflacionarios.

Pero, contrariamente a lo que se podría pensar, la disminución de algunos precios rara vez beneficia al consumidor. En efecto, este sale siempre perdiendo: cuando hay inflación, los precios suelen subir más rápido que los sueldos, y cuando hay deflación, los sueldos bajan más rápido que los precios.

Hay que enfrentar la recesión antes que se produzca

Para los bancos, es todavía más difícil enfrentar una recesión que una situación inflacionaria, porque las medidas que un banco debe tomar para enfrentar la recesión deben ser tomadas antes que esta se produzca. Es durante las épocas de auge (o *boom*) que se gesta la mayoría de las crisis y la recesión en particular. En las épocas de auge, todos los préstamos parecen buenos y todos los proyectos parecen destinados a tener éxito. Por ende, es más difícil, pero mucho más necesario, ser un buen banquero en tiempos de auge que durante una crisis. Si bien todos los bancos sufren la recesión, no todos son afectados con la misma intensidad. Los que fueron prudentes y conservadores en momentos de exagerado optimismo sobreviven con más facilidad, pues han calculado mejor los riesgos que asumían.

La recesión y el banquero

Probablemente la recesión sea la crisis más desconcertante y más frustrante para el banquero. Frente a otros acontecimientos, como la inflación y la hiperinflación, el banquero tiene recursos, puede tomar decisiones y actuar positivamente en defensa de su banco. Ante la recesión, se siente impotente y no sabe a ciencia cierta qué medidas debe tomar ni si estas servirán para algo. Los banqueros suelen ser hombres de acción y, para ellos, no hay nada peor que sentarse a esperar que las cosas se resuelvan por sí mismas.

Control de gastos

Es poco lo que los bancos pueden hacer para mejorar su situación durante una recesión, porque la clientela padece los males de la situación general, más que las consecuencias de una mala gestión individual. Si por culpa de la recesión un cliente no está en condiciones de reembolsar un préstamo, no se le puede achacar toda la responsabilidad. Presionarlo resultará casi siempre inútil, y esa presión hasta puede empujarlo a la quiebra.

En momentos así, por consiguiente, las medidas que deben tomar los bancos son más bien de carácter defensivo.

Lo más importante es establecer un control efectivo sobre los gastos. Ya no se pueden mantener los servicios improductivos ni las agencias que están en déficit permanente. Tampoco se puede ser muy tolerante con el personal, ni pasar por alto errores costosos.

Sin embargo, en lo que se refiere a la reducción de gastos, habrá que evitar el exceso de celo, ya que puede llevar a la eliminación de estructuras que se construyeron con mucho esfuerzo y que probablemente volverán a ser indispensables para la buena marcha del banco en cuanto se reactive la economía del país.

A veces, puede estudiarse la posibilidad de una fusión con otra institución para lograr economías de escala. Desgraciadamente, estas fusiones tienen como consecuencia inevitable el despido de muchos trabajadores, y esto hace que aumente el desempleo y, por lo tanto, empeore la crisis.

Otras medidas que pueden tomarse

A pesar de todo, existen algunas medidas y posiciones que un banco puede tomar para reducir los efectos negativos de la crisis:

1) Obtener de los clientes nuevas garantías o un refuerzo de las garantías existentes.
2) Reestructurar los créditos de aquellos clientes ilíquidos que tienen posibilidades de sobrevivir la recesión a mediano plazo.

3) Presionar solo a aquellos clientes que pueden hacer frente a sus compromisos, pero que aprovechan las circunstancias para no pagar sus deudas.

4) Conceder nuevos créditos únicamente a los clientes de primerísima calidad y solo después de un minucioso estudio del crédito solicitado.

5) Colocar los excedentes de tesorería en bonos del Estado u otros valores seguros.

6) Solicitar la comprensión y ayuda del Banco Central y/o de la Superintendencia de Bancos que, en situaciones de crisis, deben apoyar a su sistema bancario en interés de la economía del país.

7) Hacer todos los esfuerzos para que el banco sobreviva hasta que ocurra una reactivación de la economía.

8) Aprovechar la experiencia para hacer un esfuerzo de autocrítica y establecer reglas más conservadoras para la gestión futura, que se instaurarán cuando se vuelva a vivir en tiempos mejores.

La cuenta de ganancias y pérdidas frente a la recesión

Durante una recesión, la cuenta de ganancias y pérdidas suele convertirse en la cuenta de "pérdidas". En efecto, los resultados son afectados por tres problemas:

a) Una reducción en el volumen de las operaciones.

b) La disminución de los márgenes entre intereses activos y pasivos.

c) La obligada reducción de muchas de las comisiones cobradas a clientes.

Es lógico que en un mercado donde la demanda de crédito escasea y los clientes buenos escasean aún más, estos últimos exijan que se les concedan condiciones muy favorables.

Los bancos, justo cuando más necesitan obtener un buen rendimiento (para compensar el constante crecimiento de su cartera pesada y de las reservas improductivas que tienen que constituir), tienen que reducir las condiciones que aplican a las operaciones que realizan.

Por otra parte, es frecuente que durante una crisis como la recesión, las autoridades encargadas de supervisar a los bancos, en vez de mostrarse más flexibles en la aplicación de ciertas normas, se vuelvan más rigurosas que nunca y acaben obligando a todo el sistema bancario del país a trabajar en una situación muy precaria.

La recesión y las tasas de interés

Lo único aparentemente beneficioso que suele ocurrir durante una recesión es una baja de las tasas de interés. Esto puede ocurrir espontáneamente porque no existe demanda de crédito o por iniciativa de las autoridades monetarias, ya que se supone que una reducción de las tasas de interés reactivará la economía. Desafortunadamente, no siempre sucede así. Medidas exclusivamente monetaristas suelen no ser suficientes para luchar contra una fuerte recesión.

Como vimos, en los Estados Unidos, la política tradicional del Banco de la Reserva Federal es subir la tasa de interés para frenar la inflación, y bajarla para evitar una recesión. Sin embargo, cuando la tasa de interés llega a cero, ya no puede bajarse más y se deben buscar soluciones fuera de la política monetaria. Por otra parte, cuando se produce una recesión con inflación (en inglés, *stagflation*), el manejo de las tasas de interés tampoco sirve, porque resulta imposible bajar y subir las mismas simultáneamente.

CAPÍTULO 5

PROBLEMAS DE TESORERÍA

Iliquidez

La disminución de la liquidez monetaria puede ser voluntaria y deberse a medidas tomadas por el Banco Central, pero también puede ser accidental y ser provocada por circunstancias ajenas a la voluntad de las autoridades.

En una ocasión, una fuerte alza de las tasas de interés en los Estados Unidos tuvo repercusiones sobre la liquidez de muchos países del mundo occidental. En ese entonces, un país sudamericano mantenía un mercado de cambio libre pero con paridad fija de su moneda con el dólar. Por otra parte, las tasas de interés internas eran muy inferiores a las del país norteamericano. Como su economía estaba en una situación de "vasos comunicantes" con la de los Estados Unidos, se produjo un importante traslado de capitales hacia ese país, en busca de mejores rendimientos. En consecuencia, el mercado interno del país sudamericano quedó totalmente ilíquido.

Para frenar tal situación existían solo tres alternativas:

1) elevar las tasas de interés;
2) devaluar la moneda nacional, o
3) establecer un control de cambios.

En realidad, otros países afectados sintieron menos el impacto de la misma situación porque tomaron (o ya habían tomado) alguna de estas medidas. O sea: unos tenían controles de cambio más o menos severos, otros subieron sus propias tasas de interés y algunos dejaron que su moneda fluctuara frente al dólar (es decir, se devaluara).

Los problemas que los banqueros deben enfrentar en un mercado (natural o artificialmente) ilíquido suelen ser de tesorería.

Para prevenir dificultades de gestión debidas a la iliquidez del mercado –ya que banquero prevenido vale por dos– es necesario en las circunstancias desarrollar una política de captación de fondos agresiva pero bien dirigida, así como una política de colocaciones prudente y conservadora.

O mejor dicho: es necesario, primero, tener una política, y segundo, que la misma sea agresiva, bien dirigida, prudente y conservadora.

Captación de fondos

En períodos de falta de liquidez, la captación de fondos se vuelve harto difícil. Se deben hacer grandes esfuerzos, evitando caer de lleno en las soluciones más fáciles y nefastas. Una de ellas es pagar cada vez más por los depósitos –cuando está legalmente permitido– y la otra es recurrir a fuentes no tradicionales y que, por no serlo, pueden no ser las más oportunas y seguras para la banca comercial.

Estabilidad de los depósitos

Se deben considerar dos categorías de depósitos:

1) los de la clientela prestataria;
2) los de la clientela no prestataria.

A su vez, los depósitos se pueden dividir en tres tipos principales:

1) los de cuenta corriente;
2) los de caja de ahorro, y
3) los a plazo fijo.

Si uno quisiera establecer una clasificación por orden de estabilidad, lo lógico sería decir que los más estables son los depósitos a plazo fijo, después los de ahorro y luego los de cuenta corriente. Sin embargo, existen ciertos matices que hay que tomar en cuenta, ya que la estabilidad también está relacionada con la categoría en la cual se puede incluir el cliente depositante. Por otra parte, la clasificación también dependerá del tipo de estabilidad a la que uno se refiera. Un depósito a plazo fijo de un depositante que no es cliente habitual del banco es, a corto plazo, más estable que el depósito en cuenta corriente de un viejo cliente prestatario. Digo corto plazo, porque no podrá ser retirado antes de su vencimiento. Pero a largo plazo, es probable que el segundo sea más estable, ya que el primero tenderá a marcharse a su vencimiento si no obtiene la rentabilidad que desea, mientras que el segundo seguirá manteniéndose por el interés del cliente en su vínculo crediticio con el banco.

Depósitos e inflación

Los depósitos de clientes no prestatarios pueden ser de cualquiera de las tres categorías.

En épocas de inflación, existirán dos tendencias contradictorias:

1) El cliente buscará la colocación mejor remunerada (que debería ser, de los depósitos a plazo fijo, el que tenga plazo más largo), ya que, gradualmente, tomará conciencia de lo indispensable que es para

él obtener una renta sobre su dinero a fin de compensar, aunque sea parcialmente, la pérdida del valor adquisitivo de este.

2) El cliente buscará la colocación a menor plazo, consciente de que lo que es considerado hoy un interés remunerador, quizás no lo sea mañana.

Esto llevará, en una primera etapa, a que los bancos vean modificarse peligrosamente la composición de sus depósitos hacia una mayor proporción de los que son a plazo fijo, lo que encarecerá su gestión y tenderá a disminuir su rentabilidad. Esto se producirá bajo el doble influjo de la búsqueda (por parte de los bancos) de depósitos más estables y del deseo de una mejor renta (por parte del cliente). Si la inflación sigue, se formará inevitablemente un mercado de dinero a muy corto plazo que absorberá una buena parte de los saldos de cuentas corrientes, o sea, del dinero "a la vista". Finalmente, los bancos deberán recurrir a ese mercado, por intermedio de las llamadas "mesas de dinero", para paliar sus déficits de tesorería con el doble inconveniente de pagar caro por dinero inestable.

Estabilidad de recursos

Tomando en cuenta estas consideraciones, se podrían hacer las siguientes clasificaciones (y soy muy consciente de su valor relativo):

1) Estabilidad de las fuentes de recursos clásicos, vista a corto plazo:
   – Depósitos en garantía.
   – Depósitos a plazo fijo, indiscriminadamente.
   – Depósitos de ahorro, indiscriminadamente.
   – Cuentas corrientes de clientes prestatarios.
   – Cuentas corrientes de clientes no prestatarios.

2) Estabilidad de las fuentes de recursos clásicos, vista a largo plazo:
   – Cuentas corrientes de clientes prestatarios.
   – Depósitos de ahorro de clientes no prestatarios.
   – Depósitos de ahorro de clientes prestatarios.
   – Cuentas corrientes de clientes no prestatarios.
   – Depósitos a plazo fijo de clientes prestatarios.
   – Depósitos en garantía.
   – Depósitos a plazo fijo de clientes habituales no prestatarios.
   – Depósitos a plazo fijo de clientes no habituales.

La mayor parte de los bancos cuenta, además, con otras fuentes de recursos, pero no hay duda de que las antes mencionadas seguirán siendo la fuente principal y ortodoxa.

El redescuento

Entre los recursos no provenientes de los depósitos, el más clásico y habitual es el redescuento. Pero conviene recordar que la mayoría de las autoridades de los bancos centrales lo utilizan como regulador de la liquidez monetaria, y en períodos de inflación tenderán a limitarlo en todo lo posible.

Créditos del exterior

Otro recurso que deberá ser utilizado con suma prudencia son las líneas de crédito de bancos corresponsales del exterior, a veces por su costo (cuando las tasas de interés son más elevadas en el exterior o cuando la suma de las tasas de interés más el costo de la cobertura de cambio, es también más elevada que la tasa de interés local), y sobre todo por el riesgo de cambio que suponen cuando este no puede ser o no es cubierto adecuadamente.

Una sociedad financiera sudamericana que atravesaba una crisis de tesorería cubrió su déficit mediante la concertación de un préstamo a noventa días en el exterior, en francos suizos. La razón invocada fue que la tasa de interés era más baja. El razonamiento seguido fue que había una diferencia en la tasa de interés de casi 10% y que, por otro lado, era difícil suponer que una eventual devaluación de la moneda nacional pudiese superar ese porcentaje.

En primer lugar, la estimación del riesgo de cambio era arbitraria; en segundo lugar, la empresa comparaba una tasa de interés del 10% anual con una tasa de devaluación del 10% que, si se producía durante los noventa días previstos para el préstamo, ¡sería equivalente a un mínimo de 40% anual!

Dije una vez que un buen resultado no significa necesariamente una operación bien concebida. En el caso que nos ocupa, la sociedad financiera no solo se ahorró 10% anual en intereses, sino que además hizo una ganancia de cambio del 5% (al devaluarse la moneda tomada en préstamo), lo que representaba otro 20% anual. Esto, sin embargo, es lo peor que le podía pasar a la sociedad, porque la tentación de repetir la operación era ahora muy grande. Lo peor que puede pasarle a una persona que juega por primera vez a la ruleta es ganar.

Mayor reciprocidad

De todos modos, la inflación y la falta de liquidez, que muchas veces la sigue de cerca, obligan al banquero a revisar conceptos y modificar prácticas.

Cuanto menos dinero hay disponible, más valor se le debe dar. A veces, esto puede traducirse en tasas de interés más altas, que no necesariamente benefician al banquero, ya que el alza será tanto sobre tasas pasivas como activas. Por consiguiente, la escasez de dinero también deberá obligar a una mayor selectividad en la elección de las operaciones, sobre todo desde el punto de vista de la reciprocidad global que el banquero obtiene de sus clientes. Este se mostrará más exigente, pero no para aprovecharse de una situación que le es favorable (en su calidad de proveedor de una mercancía que escasea), ni por razones especulativas, sino simplemente por necesidad.

Además, cuanto menos dinero circule, menos operaciones podrán realizarse, y cuando se realizan menos operaciones, hay menos beneficios.

Para poder cubrir sus gastos generales, que rara vez se reducen de modo sustancial con la disminución de la liquidez monetaria, el banquero se ve obligado a obtener una mejor reciprocidad de sus clientes sobre una menor cantidad de créditos otorgados.

La tesorería frente a la falta de liquidez

Mejorar una situación de tesorería puede hacerse de cinco maneras:

1) aumentando los depósitos;
2) frenando las nuevas colocaciones;
3) deshaciéndose de préstamos ya existentes (documentándolos, mediante un proceso de titulación, para poder venderlos a otras instituciones financieras o al público);
4) recurriendo al redescuento del Banco Central cuando es posible;
5) combinando las cuatro primeras.

En épocas de iliquidez, estas cosas son difíciles de hacer. Por consiguiente, lo ideal sería haber previsto la situación Aunque también puede ser suficiente contarse entre los primeros que detecten sus síntomas. De todos modos, dentro de la dificultad de tales momentos, será quizás más efectivo concentrar los esfuerzos en deshacerse de algunos préstamos, para evitar tener que frenar totalmente las nuevas operaciones crediticias, lo que representa una paralización del banco.

El éxito de las medidas a tomar dependerá en buena parte de la política seguida anteriormente por el banco.

Dependiendo de la composición de sus depósitos y, sobre todo, según las características y distribución de su cartera de préstamos, le será posible enfrentar sus dificultades de tesorería con mayores o menores posibilidades de éxito. El banquero tampoco debe olvidar que cuando un banco enfrenta problemas de tesorería, por razones circunstanciales, tomar medidas drásticas es siempre delicado, pues se arriesga perder buenos clientes. Cuando, por el contrario, sus problemas de tesorería se deben a una iliquidez general de la plaza, los compartirá con todos los demás bancos.

Como, por otra parte, es raro que un cliente de crédito trabaje exclusivamente con un solo banco, sino que suele hacerlo con varios, es obvio que atenderá primero los reclamos del banco que se muestre más decidido. En otras palabras: el banquero deberá mostrarse firme en su demanda de reembolso de préstamos vencidos, pues si no lo hace, el cliente reembolsará primero a sus otros banqueros. Esto nos lleva a la conclusión de que los bancos enfrentan sus propias dificultades a costa de los competidores que se muestran más débiles o más lentos en sus reacciones.

Política de colocaciones

Debido a que los bancos comerciales manejan, sobre todo, fondos a corto plazo y de fácil desplazamiento, es necesario que la mayoría de sus colocaciones sean de un relativo corto plazo y que el promedio de su cartera sea de rápida rotación.

"Los bancos comerciales manejan, sobre todo, fondos a corto plazo
y de fácil desplazamiento."

El banquero debe fijarse metas de colocaciones, debe establecer qué porcentaje de su cartera será destinado a financiar tal o cual sector de actividad económica, así como qué porcentaje será colocado a corto, mediano y largo plazo. Se debe hacer un análisis detallado de las colocaciones para determinar el posible efecto que podrá tener cada una de ellas sobre la tesorería del banco. Solo entonces se podrá determinar en qué forma deberían ser distribuidas las colocaciones. Las metas a fijarse deben ser algo elásticas y servir principalmente a "fijar el rumbo" y dar "señales de alarma" cuando corresponda. Debe evitarse la constitución de un sistema demasiado rígido y burocrático, de difícil aplicación, con el cual el banco arriesgaría perder su dinamismo.

Las operaciones en un área de actividad económica pueden ser muy distintas, desde el punto de vista de su duración o el de sus posibilidades de reembolso y operaciones catalogadas como de muy corto plazo, pueden serlo realmente o tan solo de manera teórica.

Tipos de facilidades crediticias

Básicamente, se puede considerar que el banco coloca a disposición de su clientela tres tipos diferentes de facilidades que pueden ser utilizadas por caja:

1) líneas de crédito (o cupos);
2) créditos "extra" (o sea, fuera de línea, para financiar operaciones específicas);
3) y líneas *standby* (en algunos países).

Los tres tipos tienen repercusiones diferentes sobre la tesorería.

El *standby*

Las líneas *standby* son las más delicadas de manejar para la tesorería del banco. En efecto, constituyen un compromiso formal e ineludible de poner a disposición del cliente hasta cierta suma en cualquier momento pero sin saber cuándo este hará uso de esa facilidad, ni si hará uso de ella. En plazas donde, por razones inflacionarias u otras, pueden preverse posibles situaciones de iliquidez, se deberá tener especial cuidado y limitar la concesión de este tipo de créditos.

Por otra parte, cuanto más alto es el riesgo, más alto es el costo, y es lógico también que en mercados sujetos a iliquidez crónica, el costo (la comisión) del *standby* sea más elevado que en un mercado generalmente líquido.

Líneas de crédito o cupos

Por orden decreciente de riesgo, no ya desde el punto de vista crediticio sino desde el de la tesorería, siguen las líneas ordinarias de crédito o cupos.

Muchos clientes tienden a confundir un cupo con un *standby,* y conviene aclararles la diferencia. Si el cupo supusiese las mismas obligaciones por parte del banquero hacia el cliente, sería un *standby* gratuito. Nadie es tan iluso como para pensar que un banco ofrecerá un servicio sin cobrarlo. Sin embargo, lo que provoca a veces esta confusión es que la línea o cupo generalmente se fija una vez al año y con una vigencia de doce meses. La línea define el riesgo crediticio que el banco estima poder tomar con un cliente determinado, sobre la base de su balance, su seriedad, la reciprocidad recibida y otros elementos de juicio. Es una calificación del cliente y se trata de lo que se estima poder darle al cliente, siempre y cuando la situación de tesorería lo permita.

En la fijación de un cupo no existe ningún compromiso formal de parte del banco hacia el cliente. Si este no utiliza el crédito de inmediato, puede encontrarse con la desagradable sorpresa que, cuando más adelante desee utilizarlo, este ya no se encuentre disponible.

Por todo esto, pienso que a un banco le conviene, al conceder a un cliente una línea de crédito por caja:

1) Exigir del cliente su utilización inmediata porque en caso contrario puede ocurrir que el cliente quiera utilizarla cuando la tesorería del banco ya no lo permita. Si el banco otorga el crédito a pesar de tener una situación difícil de tesorería, se perjudica, y si no lo otorga, perjudica la relación con el cliente. O sea: obtiene el resultado contrario al que esperaba al fijar la línea.

2) Solicitar que su utilización sea bastante regular y no errática. Quizás lo ideal sería que los cupos sean

usados constantemente entre un 80 y un 100% de su monto. De esta manera, los efectos negativos sobre el manejo de la tesorería se verían reducidos.

En una oportunidad, examinando el comportamiento de un cliente, observé que este utilizaba su línea de crédito con el banco en forma errática. A veces, empleaba solamente entre un 10 y un 15% de su crédito, y de pronto utilizaba el 100%. Visto que se trataba de una multinacional, profundicé el estudio. Pude determinar que como la empresa disponía –además de sus líneas en moneda local– de amplias líneas de crédito en dólares de bancos del exterior, empleaba unas u otras alternativamente, según dónde estuviesen más bajas las tasas de interés en determinado momento. Como el alza o la baja de las tasas de interés en el exterior ejercía un impacto importante sobre la liquidez de los bancos locales, ocurría que el cliente utilizaba al máximo sus líneas cuando la liquidez era menor y dejaba de hacerlo cuando esta mejoraba. Evidentemente, esta manera de proceder podía ser atinada para la empresa, pero era totalmente inconveniente para el banco.

Crédito en cuenta corriente

La clásica línea de crédito ordinaria en cuenta corriente es en verdad una línea *standby*, aunque no todos se han percatado de ello. Esta línea se otorga, generalmente, por contrato por tiempo determinado e involucra a menudo una comisión, pagadera de una sola vez sobre todo el monto de la línea (*flat commission*). El costo de un crédito en cuenta corriente suele ser inferior al de un *standby* reconocido como tal. Lo utilizan las empresas que tienen un movimiento importante en su cuenta y frecuentes altibajos en su flujo de caja.

Lo que quizás puede justificar su costo reducido es que constituye, en la mayoría de los casos, solo una parte relativamente pequeña de las líneas de crédito globales que el banco pone a disposición de un cliente determinado.

Por otra parte, en principio, está previsto que la línea en cuenta corriente sea utilizada regularmente por el cliente, ya que si no lo hiciese así, sería más que probable que el banco decidiera eliminarla en la primera ocasión.

En el caso del *standby*, se prevé más bien lo contrario, es decir que, posiblemente, no sea utilizado nunca y que su uso constituya más la excepción que la regla.

A fin de tener una mejor idea de su situación de tesorería y de las perspectivas de la misma, es preciso que el banquero esté en condiciones de saber permanentemente, por un lado, la porción de su cartera que está constituida por líneas *standby* y líneas en cuenta corriente, y, por otro, el monto total de líneas ordinarias otorgadas a la clientela y el porcentaje de utilización de las mismas.

Se podría afirmar que cuanto más alta sea la utilización de las líneas, menos vulnerable será la posición del banco. En otras palabras, el margen de líneas no utilizadas constituye la demanda potencial inmediata por parte de la clientela. Si bien, como hemos visto, una parte de esta demanda no podrá ser satisfecha por el carácter de las líneas otorgadas, no es menos cierto que no es fácil para los bancos rechazar créditos solicitados dentro de cupos, sobre todo a muy buenos clientes.

Créditos extraordinarios

Los créditos extra, fuera de cupo, deberían ser, en principio, los que constituyan la parte de mejor rotación de la cartera y la de más fácil recuperación en caso de iliquidez. Normalmente, estos créditos no son otorgados como capital de giro de las empresas, sino para financiar operaciones específicas, extraordinarias y perfectamente identificables. Si el convenio con el cliente es claro y preciso desde el comienzo de la transacción, y si la misma ha sido bien estudiada por el banquero, su liquidación en la fecha de vencimiento no debería presentar problemas ni ser sujeta a prórrogas o demoras.

La solidez patrimonial del cliente y las eventuales garantías ofrecidas deberán ser estudiadas para que esté bien amparado el riesgo crediticio. Sin embargo, los temas que deberán ser cuidadosamente examinados para cubrir los riesgos de tesorería serán la naturaleza de la operación, el flujo de caja del cliente y las fuentes de recursos que asegurarán el reembolso en la fecha prevista.

Los frecuentes pedidos de prórrogas o las demoras en el reembolso de los créditos extras emanan a menudo –por lo menos en parte– de errores de criterio del propio banquero. A veces, algunos clientes solicitan un crédito por un tiempo demasiado corto, ya sea porque pecan de optimistas o porque temen que si lo solicitan por un plazo más largo, este les sea negado. Lo más conveniente, para el buen manejo de la tesorería del banco y para el prestigio del cliente, es que los créditos sean reembolsados en la fecha exacta de su vencimiento. Para que esto ocurra, el crédito deberá adaptarse a la realidad de la operación que está destinado a financiar.

No parece lógico financiar a solo noventa días la compra de una máquina para la industria, cuyo costo no puede amortizarse en tan corto plazo, ni tampoco financiar una importación de whisky por un plazo de un año y medio, ya que es probable que la bebida, para ese entonces, no solo haya sido vendida sino también consumida. El banquero deberá analizar la operación y otorgar un crédito que responda a las características de la misma y a las posibilidades reales de reembolso del crédito dentro de un plazo previsible y lógico.

Las garantías

Otro tema importante para la liquidez son las garantías. La verdad es que no debería ser así, pues deberían siempre ser accesorias. Si el cliente es competente en su campo de actividad y goza de reconocida moralidad, y si la operación a financiarse ha sido cuidadosamente estudiada, las mismas deberían constituirse solamente para reforzar una eventual deficiencia de recursos propios o un desequilibrio transitorio de su balance.

Las garantías nunca deberían tener que ejecutarse. Sin embargo, esto presupondría la existencia de banqueros y clientes infalibles, que no los hay.

Desde el punto de vista crediticio, es evidente que habrá que buscar garantías no perecederas o que no se desvaloricen rápidamente con el transcurso del tiempo o con el uso. Frutas, legumbres, cereales y carnes pueden ser consideradas perecederas en un tiempo más o menos corto, según su forma de almacenamiento. También las maquinarias para trabajos pesados, como tractores, grúas, etc., pueden ser consideradas como de relativamente rápida depreciación.

Garantías móviles

Se supone que un avión constituye una buena garantía. Sin embargo, siempre desconfié de las garantías que se mueven, y cuanto más rápido, peor.

Los animales vivos tampoco me gustan, en parte porque también se mueven (ya sea por voluntad propia o ajena) y, en parte, porque de un animal vivo a uno muerto hay solo un paso.

Recuerdo que, en un país, existían tres tipos de prendas desde el punto de vista jurídico: las comunes, las fijas y las flotantes. El banco había tomado en garantía ganado bovino en un momento de terribles inundaciones. Me di cuenta de que habíamos cometido un error, ya que nuestra prenda común arriesgaba transformarse en cualquier momento en "flotante".

Sin embargo, desde el punto de vista de la liquidez, lo que debe tenerse en cuenta ya no es exclusivamente el valor de la garantía, sino la posibilidad real de su pronta realización (venta) en el caso hipotético de tener que ejecutarla.

Garantías inmobiliarias

Desde este punto de vista, quizás las garantías inmuebles sean las menos aconsejables. Algunos banqueros son tan concientes de esto que piensan que los terrenos y edificios se han denominado inmuebles por el peligro de inmovilización que representan. Pueden tranquilizarse, se llaman inmuebles porque no se mueven ellos mismos, pero esta característica no es contagiosa. La razón del peligro de las garantías inmuebles es que, en casi todo el mundo, el mercado inmobiliario se caracteriza por períodos sucesivos de euforia (*boom*) y depresión.

Las garantías constituidas en períodos de auge pueden estar sobrevaluadas (aunque esto concierne únicamente al aspecto riesgo) pero, sobre todo, pueden ser invendibles por largos períodos, que varían desde meses hasta años. Por otra parte, existe una tendencia entre los clientes que ofrecen garantías inmuebles (hipotecarias) de creerse autorizados –por el alto costo de la constitución de la garantía y por el valor e importancia de la misma– a pedir renovaciones del crédito originalmente acordado. No quiero decir con esto que un banco deba prescindir de tales garantías, lo cual sería absurdo, pero sí que debe fijarse una política y un límite al respecto.

Cuando el mercado inmobiliario está en crisis, no se trata de que un terreno o un edificio específico no se pueda vender, sino que, generalmente, les ocurre lo mismo a todos ellos. Por consiguiente, el riesgo de inmovilización del banco puede referirse a una parte importante de su cartera, si está respaldada por este tipo de garantía.

Si eliminamos las que puedan considerarse realmente indeseables, lo mejor será tener una variedad de garantías, de forma de poder distribuir el riesgo, en la misma forma en que se trata de no concentrar las colocaciones en un área de la actividad económica, sino de distribuirlas en todas ellas.

Resultará útil que el banco pueda clasificar sus operaciones no solo por área, sino también por el tipo de garantía que las respaldan. En efecto, una financiación en el área de la construcción puede no estar respaldada por una garantía hipotecaria, mientras que una financiación en el área comercial sí puede estarlo.

La reciente explosión de la burbuja inmobiliaria en los Estados Unidos es un ejemplo dramático de lo que puede suceder cuando los bancos se lanzan a financiar masivamente un área específica de la economía, basando sus préstamos más sobre el supuesto valor de los inmuebles hipotecados como garantía, que en la real capacidad de pago del acreedor.

Desafortunadamente, a esta política, ya mala de por sí, se agregó una sobrevaluación de los inmuebles, con lo cual los acreedores terminaron debiendo a los bancos cifras muy superiores al valor de sus propiedades, y las entidades con pérdidas sustanciales en sus libros.

La crisis, además, fue más violenta que muchas anteriores por la nueva moda de titular activos (en este caso las garantías hipotecarias) y venderlos a empresas y al público en general. En otras palabras, se logró rebasar las crisis anteriores, con nuevos instrumentos y exacerbada codicia. Pero quizás lo peor de esta historia de terror sea la evidente demostración de la corta memoria de los bancos y de los inversionistas, pues la burbuja inmobiliaria no es un monstruo desconocido, sino uno que hemos enfrentado varias veces en el pasado y para el cual existían las medicinas preventivas que no se quisieron utilizar.

CAPÍTULO 6

RIESGOS DE CAMBIO

Los riesgos cambiarios

El tema de los riesgos de cambio no es nuevo, pero no caben dudas de que, si bien desapareció entre los países de la Comunidad Europea que adoptaron el euro como moneda común (o sea, Alemania, Andorra, Austria, Bélgica, Chipre, Eslovaquia, Eslovenia, España, Finlandia, Francia, Grecia, Holanda, Irlanda, Italia, Luxemburgo, Mónaco, Portugal, San Marino y el Vaticano), su importancia siguió aumentando en el resto del mundo por varias razones:

1) El incremento del comercio internacional.
2) El desarrollo de un número cada vez mayor de empresas multinacionales.
3) La dimensión de proyectos que sobrepasan las posibilidades de financiación de algunos países, y los obligan a recurrir a fuentes externas.
4) La inestabilidad política y económica de ciertos países, que provoca el constante desplazamiento de capitales de un país a otro y de un continente a otro.
5) La sobrevaluación o la subvaluación de algunas monedas.

El dólar como remedio contra los riesgos de cambio

Frente a esta situación, es lógico que en los mercados internacionales se buscara un punto de referencia común. El dólar fue considerado la moneda más estable y fue adoptado por muchos países (como la base más segura para sus transacciones internacionales) que lo utilizan a preferencia de sus propias monedas, a veces muy volátiles.

El uso generalizado del dólar representa en realidad un intento de aminorar los riesgos cambiarios inherentes a todas las operaciones entre diferentes países (excepto los que tienen una moneda común como el euro).

El euro y el eurodólar

No hay que confundir el euro con el eurodólar. El euro fue creado en 1999 y es la moneda común de la mayoría de los países de la Comunidad Europea, que sustituyó a sus respectivas monedas nacionales.

El "eurodólar", por el contrario, es un término utilizado desde mucho antes para designar dólares que pertenecían a europeos y estaban depositados en cuentas bancarias en Europa. Hoy, sin embargo, se usa el término "eurodólar" para designar dólares estadounidenses que pertenecen a cualquier titular no estadounidense. En efecto, hubiese sido demasiado complicado crear los asiadólares, africadólares, oceaniadólares, etc. (a pesar de que se creó el término "petrodólares" para los que provienen de las exportaciones de petróleo).

¡Cuánta gente se sorprendería, sin embargo, si se le dijese que el eurodólar no existe! Y la verdad es que no existe. De entrada, el término crea tres posibles impresiones equivocadas: la primera, es que se trata de "otro" dólar; la segunda, es que los eurodólares están físicamente en Europa, y la tercera es que se trata de una moneda europea como el euro.

El eurodólar no es más que un dólar estadounidense. Se lo ha llamado así únicamente para determinar a quién pertenece y por ninguna otra razón, ya que ni física ni contablemente difiere del dólar que el ciudadano estadounidense tiene en su cuenta corriente o en su billetera.

Por consiguiente, el eurodólar no es "otro dólar" como lo es, por ejemplo, el dólar canadiense. La mejor prueba de ello es que no existe un tipo de cambio entre el dólar estadounidense y el eurodólar, mientras que sí existe entre el primero y el dólar canadiense o entre el dólar y el euro.

¿Dónde están los eurodólares? En cualquier cuenta bancaria fuera de los Estados Unidos. ¿Dónde están los dólares en general? En cualquier cuenta bancaria dentro de los Estados Unidos o en los bolsillos de estadounidenses en su país o viajando en el exterior. Los que se pueden ver y tocar, sin embargo, son cada vez menos, frente a la enorme cantidad que circula veloz y silenciosamente mediante simples escrituras contables.

La mayor parte de los eurodólares nacen de una simple transferencia de cuenta a cuenta en un banco de Nueva York. Cuando un importador estadounidense paga mercadería comprada en Alemania, ordena a su banco efectuar una transferencia a favor del exportador alemán. El banco norteamericano debita la cuenta de su cliente estadounidense y acredita al corresponsal alemán (a través del cual realiza la transferencia) en sus libros o en la cuenta que este mantiene con otro banco en los Estados Unidos. Si el exportador no convierte los dólares correspondientes a euros, el banco alemán, a su vez, acreditará en sus propios libros la cuenta "dólares" del exportador. Así, como por arte de magia, se habrán creado eurodólares.

En algunos casos, puede existir una transferencia física de fondos, por ejemplo, cuando un turista norteamericano paga sus compras en una tienda de París con billetes de dólar. En ese caso, ¿esos billetes se convierten en eurodólares en cuanto los recibe el cajero de la tienda francesa, o recién cuando dicha tienda los deposita en una cuenta en dólares en su banco? Realmente, esto no es importante, porque el monto total de ese tipo de transacciones no es de un volumen suficiente como para cambiar el concepto básico sobre qué son los eurodólares.

Los eurodólares existen desde mucho antes de llamarse así. Es un poco como el "burgués gentilhombre", que descubre de repente que toda su vida habló en prosa. Si no se les dio un nombre en su momento fue probablemente porque, al principio, eran pocos y su vida era efímera. Mientras la balanza de pago entre los Estados Unidos y Europa estuviese equilibrada, los eurodólares nacían y morían en un perpetuo ir y venir. Cuando la balanza de pagos se desequilibró a favor de Europa, empezaron a tener una vida más larga. Pronto, los países europeos comenzaron a utilizarlos entre ellos. Antes que fuera creado el euro, algunas veces un importador francés compraba máquinas en Alemania y las pagaba en dólares en vez de hacerlo en francos franceses o marcos alemanes. A su vez, el exportador alemán compraba buques en Noruega y los pagaba en dólares, en vez de marcos alemanes o coronas noruegas. Los dólares cambiaban de dueño y de país, pero seguían siendo eurodólares porque no habían vuelto a ser transferidos a los Estados Unidos. Claro que hubiese sido sorprendente que tales dólares circularan únicamente entre países europeos. Por ende, a veces terminaban en manos de un residente de Egipto, Japón o Australia, pero siguieron llamándose *eurodollars*. Londres fue, y sigue siendo, el principal mercado del eurodólar. Pero se desarrollaron muchos otros mercados a nivel internacional, particularmente en plazas financieras que tuvieron la habilidad de no tratar de controlarlo o regularlo. Las autoridades monetarias de esas plazas comprendieron que si trataban de controlar el mercado, todo lo que conseguirían sería que este hiciera sus valijas y buscara nuevos horizontes.

El dólar en los países en desarrollo

Las tasas de inflación y las consiguientes devaluaciones de las monedas de algunos países han originado en sus gobiernos, empresas y ciudadanos, la necesidad de buscar un punto de referencia sólido para sus transacciones. Es así cómo, en muchos de estos países, no solo se utiliza el dólar para las operaciones internacionales, sino también para aquellas que se llevan a cabo dentro del propio país, donde el dólar se convierte virtualmente en una segunda (y a veces primera) moneda nacional.

Toda transacción que no sea estrictamente al contado o efectuada por un monto de cierta importancia, solo se puede cerrar en dólares. Hasta ahora, el dólar, a pesar de la crisis económica en los Estados Unidos y del monstruoso endeudamiento de ese país, ha logrado permanecer como la moneda preferida para las transacciones internacionales frente a un euro ambicioso pero no totalmente convincente y a un fantasmagórico candidato como los "derechos especiales de giro". Sin embargo, se podría decir que el dólar ya no pertenece más a los Estados Unidos dado que, hasta cierto punto, ya no pueden controlarlo.

Por otro lado, los Estados Unidos conservan una gran ventaja. Es uno de los países más endeudados del mundo, pero contrariamente a la mayoría de las demás naciones deudoras, debe en su propia moneda.

Los países que utilizan el dólar para la liquidación de sus operaciones internacionales o transacciones internas no eliminan su riesgo de cambio, solo lo unifican. Al hacer todas sus operaciones en dólares, estas siguen sujetas al riesgo cambiario, pero a uno solo.

La utilización por dos países de la moneda de un tercer país para sus intercambios comerciales o financieros conlleva cierta apariencia de *fair play*, como dicen los ingleses, o juego limpio: ambos corren un riesgo que, si bien no es igual, es por lo menos justo: el de su propia moneda frente al dólar.

Es curioso notar cómo los extremos se encuentran. En dos países donde trabajé, se utilizaba el dólar como si fuera una segunda moneda nacional. En el primero, por la terrible inestabilidad del signo monetario nacional y como único medio de fijar un valor estable a los productos que se comerciaban. En el segundo, por la grande y prolongada estabilidad de su propia moneda, que hacía aparecer indistinto el uso de la moneda propia o del dólar, e inexistente el riesgo de cambio. La convicción en algunos países de que no existe un riesgo de cambio es siempre equivocada, aun en un país de gran estabilidad económica, porque el riesgo de cambio puede surgir imprevistamente, por razones diversas, de orden no solo económico, sino también político o psicológico. También puede darse el caso de una estabilidad cambiaria mantenida de manera artificial, gracias a factores favorables que lo permiten, pero solo por un tiempo. El riesgo de cambio solamente desaparecería si existiera un único ente supranacional, emisor de una moneda mundial. Yo no viviré para verlo.

Riesgos de cambio para el banco

Los banqueros deben cuidarse de las fluctuaciones cambiarias (como deben hacerlo de la inflación o de la recesión) de dos maneras: cuidando sus riesgos propios en la materia y vigilando los riesgos de este tipo que sus clientes puedan estar asumiendo.

Conviene recalcar aquí que un banco solo puede correr un riesgo de cambio (propio) sobre su posición de cambio. Es decir, sobre los saldos existentes de moneda extranjera, productos de la diferencia entre el total de compras y el total de ventas efectuadas, independientemente de si estas son al contado o a término. Es esta posición la que debe ser estrechamente vigilada y cubierta del mejor modo posible. Un banco no asume riesgos de cambio en relación con las disponibilidades de divisas que mantiene en sus cuentas con corresponsales del exterior, ya que dichos saldos no necesariamente se producen por compras de divisas. Solo asume riesgos sobre su posición de cambios. Frecuentemente existe una confusión al respecto.

Más de una vez, cuando la tesorería en moneda nacional del banco se encontraba transitoriamente ilíquida, un funcionario me preguntaba por qué no vendíamos, por ejemplo, las libras esterlinas que teníamos en nuestra cuenta en Londres. Sin embargo, sucedía que nuestra posición de cambio en libras no tenía excedente y, por eso, las que estaban en nuestra cuenta en Londres no nos pertenecían. Podían ser de algún cliente o producto de una orden de pago no liquidada o provenir de cualquier otra fuente. Pero no eran nuestras, y por ende no podíamos venderlas sin incurrir en un riesgo de cambio.

Quizás el problema proviene solo de la terminología utilizada, que debería diferenciarse. En efecto, si el banco compró libras (y estas se encuentran reflejadas en su posición de cambio) el banco "tiene" libras. Pero si la cuenta del banco en su corresponsal en Londres muestra un saldo acreedor, el banco también (en cierto sentido) "tiene" libras. Para evitar errores sería conveniente usar el verbo "tener" solo cuando la divisa fue comprada y usar "disponer de" cuando hay libras en existencia, pero no son de propiedad del banco por no haberlas comprado este. "Tener" posee, en efecto, un sentido de mayor permanencia, mientras que "disponer de" es más transitorio.

El banco dispone de libras pero no tiene control sobre dicha disponibilidad, que podría dejar de existir en cualquier momento.

Líneas de crédito en divisas

El banco que tiene líneas de crédito en divisas puede utilizarlas de dos maneras:

1) Para hacer préstamos en divisas.
2) Convirtiendo divisas en moneda nacional, para cubrir déficits transitorios de tesorería o para hacer préstamos en moneda nacional.

Lo primero se ha vuelto común en países donde, por varias razones, existe una insuficiencia de liquidez en moneda nacional. Aquí, en principio, no existe un riesgo cambiario directo para el banco porque ese riesgo ha sido transferido al cliente. Sin embargo, de forma indirecta esa transferencia implica un incremento del riesgo crediticio.

En países de moneda estable la tentación de hacer lo segundo es grande. Sin embargo, se trata de un recurso peligroso y poco ortodoxo.

Un banco no debería asumir posiciones de cambio importantes, pues siempre son de carácter especulativo e involucran un riesgo. Suelen verse obligados a hacerlo (cuando no tienen otro remedio) aunque sea para alimentar sus cuentas en divisas en el exterior. Aun en estos casos, deben evaluar bien el riesgo de cambio que están asumiendo, pues si es demasiado importante, puede convenirles más conseguir las divisas en calidad de préstamo en el mercado internacional.

Cuando un banco es una sucursal de una institución extranjera o tiene un accionista extranjero, puede resultarle oportuno cubrir anticipadamente la compra de divisas por el monto aproximado de la utilidad o de los dividendos que deberá transferir al exterior (siempre y cuando la casa matriz o el banco accionista lo estime conveniente).

Riesgo de cambio para el cliente

Asimismo, un banco debe vigilar que sus clientes no asuman riesgos de cambio desmesurados y peligrosos. A ese efecto, es necesario exigirles que discriminen en sus balances los compromisos contraídos en moneda extranjera. Convendrá que aquí también el banquero juegue su papel de consejero del cliente, ya que si encuentra que los riesgos de cambio asumidos por el cliente son demasiado importantes, puede condicionar un préstamo a la reducción de las deudas en divisas o a la cobertura de las mismas. El cliente tiene dos maneras de cubrir sus riesgos de cambio: la primera –y la mejor cuando existe la posibilidad de hacerlo– es comprando el cambio a término. La segunda es constituyendo una reserva eventual para diferencias de cambio. Esta última fórmula es menos segura, pues nadie puede determinar con exactitud cuánto puede llegar a ser el riesgo de cambio que se corre en un momento determinado. La tendencia general es de subestimar tal riesgo.

Debe aclararse también que, aunque el riesgo de cambio que corresponde a una determinada divisa solo puede ser uno, los riesgos asumidos en relación a operaciones comerciales suelen ser menos importantes y más justificados que los asumidos por operaciones financieras. Por ejemplo, se considera que el riesgo de cambio incurrido al comprar materia prima pagadera en divisas se ve disminuido por la probabilidad de que, si se devalúa la moneda local, el costo de las divisas aumente junto con el valor de la mercadería adquirida.

De todos modos, es oportuno aconsejar, tanto a los comerciantes como a los industriales, la cobertura sistemática de sus compras en divisas, pues solo después de haber cerrado el cambio conocerán el costo definitivo de la mercadería comprada. El éxito de una operación comercial o de una industria nunca debería depender de una especulación cambiaria.

CAPÍTULO 7

RIESGOS CREDITICIOS

Uno de los compañeros más asiduos del banquero es el riesgo, y en particular, el riesgo crediticio. Como acompañante es un animal peligroso, pero el banquero debe poder controlarlo. No digo dominarlo, ni eliminarlo, eso sería imposible. Pero sí mantenerlo dentro de límites razonables. La mejor manera de disminuir los riesgos crediticios sería evidentemente no asumirlos, pero el papel del banquero y su función principal es suplir las plazas donde ejerce su profesión con facilidades crediticias que permitan el normal desarrollo de los negocios y de la economía en general.

A menudo existen situaciones que permitirían al banquero, por lo menos transitoriamente, colocar el dinero que le es confiado a un mejor rendimiento y con menor riesgo, en operaciones con otras contrapartidas que su clientela tradicional. La tentación es grande. He conocido un banco que en un momento dado había convertido, mediante operaciones de *swap*, casi el cincuenta por ciento de sus disponibilidades en monedas extranjeras, colocando las divisas, así obtenidas, a tasas de interés muy superiores a las que podía aplicar en los créditos a su clientela local.

Desde el punto de vista de sus utilidades inmediatas, obtuvo excelentes resultados, tomando riesgos menores. Sin embargo, este proceder no es ortodoxo, ya que la política seguida lo obligó a desatender a sus clientes habituales.

Aparte del hecho que el Banco Central del país correspondiente objetó la actuación de esta institución, debe decirse que, en efecto, la misma no procedió realmente como un banco debe hacerlo. Una entidad bancaria difiere de una sociedad financiera justamente porque actúa con una visión más a largo plazo. El banco busca al cliente, la financiera busca la operación. En la relación con un cliente, deben tomarse en cuenta los años pasados y pensar en los venideros, mientras que, una vez finiquitada una operación, deja una ganancia o una pérdida, pero no tiene pasado ni futuro.

Asumiendo, en consecuencia, que los riesgos crediticios son inherentes a la función del banquero y no pueden ser eliminados, ¿cuáles son los métodos que este puede utilizar para controlarlos?

Política crediticia

Lo primero será probablemente establecer una política crediticia prudente. Podrá "atomizar" mejor los riesgos al distribuirlos en varias áreas de la actividad económica del país o, incluso, si es un banco que opera internacionalmente, distribuyéndolos entre muchos países.

Cualquier "concentración" siempre es peligrosa para el banquero. Si se trata de depósitos, el riesgo consiste en el excesivo poder que le otorga al depositante (que puede llegar a ser mayor que el de los propios accionistas). Si se trata de créditos y el cliente beneficiado con los mismos llega a tener problemas financieros, esto representa un riesgo excesivo. La situación del "deudor" demasiado importante se parece paradójicamente a la del "acreedor" demasiado importante, cuya posición le puede permitir ejercer una influencia exagerada sobre las autoridades del banco.

El banquero elegirá, para sus colocaciones, las áreas o los países cuya situación le sean más favorables y le ofrezcan menos peligros. Esto puede consistir en eliminar por completo ciertos sectores del plan de colocaciones o simplemente en reducirlos a porcentajes bajos en relación con la cartera global de préstamos.

Muchas veces le será difícil no efectuar ninguna operación con un determinado sector o país, pues la situación de estos puede ser transitoria, y el banquero debe mantener cierta estabilidad y consistencia en su política crediticia, por los mismos motivos que señalo a continuación, al hablar de su relación con la clientela.

Un banco que cambie demasiado bruscamente de política crediticia, cortándole el crédito a algunos sectores, a veces podrá evitar riesgos, pero cuando la situación de esos sectores mejore, será mal recibido por los clientes que ha desatendido durante un tiempo.

Un banquero que me visitaba me preguntó, en una oportunidad, si yo creía que él debía trabajar con un país sudamericano determinado. Le pregunté: "¿Su banco trabaja habitualmente con América del Sur?". Ante la respuesta afirmativa que me dio, agregué: "Entonces su pregunta está mal formulada. No se trata de si debe o no trabajar con ese país (lo que evidentemente no puede dejar de hacer), sino en qué medida debe hacerlo".

Al efectuar la selección de sectores de actividad o de países con los que piensa trabajar, el banquero debe también atribuirle importancia al mayor o menor conocimiento que tenga de ellos. Lógicamente, será menos riesgoso conceder créditos a contrapartidas cuya situación conozca bien y para el seguimiento de los cuales tenga ciertas facilidades.

En principio, es más difícil para un banco que solo tiene oficinas en el área capitalina trabajar con el sector agrícola del país, que para uno que dispone de muchas sucursales en el interior. De la misma forma, será más fácil (y menos riesgoso) para otro que tiene sucursales, afiliados u oficinas de representación en otros países trabajar con ellos, que para un banco que solo está establecido en su propia nación.

Elección de clientes

Una vez establecida claramente su política crediticia, el banquero deberá elegir con cuidado a sus clientes en cada sector. Hasta cierto punto, me parece más importante la elección del cliente que la de las operaciones. Una buena operación no proviene necesariamente de un buen cliente, mientras que un buen cliente traerá, casi siempre, buenas operaciones al banco.

En la elección de clientes deben considerarse muchos factores:

a) Análisis de balances (este es el punto más difícil y complejo).

b) Tipo de clientes.

Una vez que los balances hayan sido estudiados por un equipo de especialistas, este los presentará al banquero de un modo preestablecido que le permita detectar rápidamente las características más importantes de los mismos. De esta forma, al mirar el balance será más útil para el banquero detectar lo que "no dice" que lo que dice. O sea, le conviene saber leer entre líneas.

Básicamente existen cuatro tipos de clientes que presentan sus balances:

– Los que tratan de reflejar su situación tal como es realmente.

- Los que buscan exhibir un estado mucho mejor del real.
- Los que intentan mostrar su situación como peor de lo que es (por lo general, pensando en el fisco).
- Los que se rehúsan a presentar balances.

El que presenta un balance correcto es el ave rara que todo banquero anhela encontrar en su sueño de imposible perfección.

Los tres últimos presentan un problema. Aquel que quiere mostrar su empresa en una situación más floreciente –o menos catastrófica– es evidentemente el más peligroso desde el punto de vista del riesgo crediticio.

El que muestra una situación menos favorable de lo que es en realidad, pretende sin embargo ser atendido, desde el punto de vista crediticio, de acuerdo con su situación real (que el banquero no puede conocer con exactitud) y no sobre la base de los balances presentados. No quiere entender que no se puede estar bien con Dios y con el Diablo, y digo esto sin intención de identificar al banquero con Dios ni al fisco con el Diablo.

Cuando el cliente no quiere presentar su balance, puede ser uno de esos pocos casos (sacados de la prehistoria bancaria) que hasta recientemente se autofinanciaban, y no utilizaban crédito bancario. Estos clientes consideran que exhibir sus balances es tan vergonzoso como pasearse en paños menores.

En un país sudamericano, conocí una gran tienda que se autofinanciaba. Para colmo, ignoraba el concepto del precio de reposición. Las mercancías se vendían hasta su liquidación total a un precio inalterable, con un margen razonable de "presunta" ganancia. Esta tienda tenía principios, tradición, solidez y altivez. Cuando vino la inflación, ante el estupor general, quebró. Lo que ocurrió es que, a cada reposición de sus existencias de mercadería, la misma le costaba más de lo que le había reportado su venta, con lo cual su ganancia contable era totalmente ilusoria. Como el dinosaurio, no se había podido adaptar al nuevo medio ambiente económico.

c) Elección de operaciones.

Cuando una operación llega a su nivel, ya disecada, más que capacidad de análisis lo que el banquero necesita es, sobre todo, una enorme capacidad de síntesis. Como debe tomar decisiones sobre un sinnúmero de transacciones, obviamente no puede detenerse en los detalles de cada una de ellas. Lo principal será, pues, reducir el problema a su mínima expresión eliminando todo lo superfluo. Cuando logra hacerlo, queda solo lo vital y el problema más complejo parece resolverse como por arte de magia.

Conocí a un banquero que no leía ninguna carta que le fuera dirigida si la misma tenía más de una carilla de extensión. Es cierto que la esencia de cualquier problema, por complicado que sea, puede exponerse en esa dimensión. Lo malo es que para un banquero tan exigente, el único corresponsal válido es otro banquero.

d) No empecinarse.

A pesar de que, por definición, un banquero no es ni jugador, ni especulador, lo primero que debe aprender, como estos, es a saber perder.

Dicen que Rockefeller, cuando le preguntaban cuál era el secreto para tener éxito en la bolsa de valores, contestaba: "¡Vender demasiado pronto!". Esta verdad universal vale también para el banquero. Si un crédito fue mal concedido o salió mal, lo mejor será salvar lo que se pueda, absorber la pérdida y salirse lo más rápidamente posible del negocio y/o de la relación con el cliente. Lo peor que se puede hacer es darle al cliente más crédito con la esperanza de salvar la situación. Eso es hacer lo mismo que el jugador cuando apuesta una vez más –siempre la última– para resarcirse de lo que perdió el día anterior. Dar más crédito a un mal negocio solo incrementará la pérdida. Por eso, tal como dije anteriormente, a veces negarle un crédito a un cliente es hacerle un favor mayor que otorgárselo.

No es aconsejable adoptar la política del avestruz. Sin embargo, es cierto que cuesta percibir que un negocio anda mal mientras está siendo alimentado por crédito adicional. Cuando se agotan las posibilidades de recurrir a nuevas fuentes de financiación, salta la liebre.

e) Posibilidad de mejorar los riesgos.

Claro que existen excepciones. Un proyecto excelente puede haberse quedado algo corto en el aspecto de sus necesidades financieras y convendrá suplir el crédito faltante para que el proyecto pueda concluirse felizmente. Sin embargo, habrá que analizar con cuidado cada caso antes de tomar una decisión.

Lo importante consiste en saber si la operación financiada es sana y si puede ser exitosa, o si sigue sana y mantiene la posibilidad de ser exitosa dentro de un contexto que ha cambiado. Si es así puede pensarse en una ayuda crediticia adicional, pero si la operación es decididamente mala y va al fracaso, o se ha convertido en mala y va al fracaso, entonces deberá cortarse por lo sano y no otorgarle más crédito.

También puede justificarse un crédito adicional a un cliente o a una operación con problemas, si se logra con eso mejorar la calidad del riesgo global. Si un riesgo en blanco se está volviendo peligroso, puede convenir –mediante la concesión de una ayuda adicional– obtener su conversión en un riesgo de segunda categoría, o sea, con alguna garantía. Tal acuerdo se justifica porque existe un cierto equilibrio en él, y ambas partes salen beneficiadas: el cliente, al obtener el crédito complementario que necesita, y el banco, al lograr una mayor seguridad. Lo difícil es determinar dónde está el "punto de equilibrio", cuánto crédito adicional merece la garantía ofrecida, o cuánta garantía adicional merece el nuevo crédito. No existen reglas al respecto. Lo único que puede pensarse, tentativamente, es que pasar de un riesgo en blanco a un riesgo cubierto por prenda o hipoteca tal vez justifique un incremento del crédito del 25%. Mientras que, en principio, debería descartarse un incremento del 100%. De todos modos, lo más importante es un correcto análisis inicial de la transacción porque, si bien, una operación originalmente buena puede, por diversas circunstancias, convertirse en mala, una operación inicialmente mala nunca se convertirá en buena. Sin querer pecar de pesimista, pienso que esto es cierto también con respecto al ser humano. Un hombre honesto, desgraciadamente, puede volverse deshonesto. Pero es poco probable que un hombre deshonesto se convierta alguna vez en honesto. Por eso, es mejor no iniciar relaciones con un cliente de dudosa reputación, porque, por más garantías que ofrezca, la relación siempre terminará mal.

f) Reserva de contingencia.

Todo lo dicho en este capítulo me lleva a sacar la siguiente conclusión: lo mejor para enfrentar los riesgos crediticios es contar con suficientes utilidades como para constituir una buena reserva para enfrentar eventuales pérdidas (las que también son llamadas *contingencias de cartera*).

Otros tipos de garantías

Además de las garantías constituidas mediante hipotecas y prendas, el banquero tiene a su disposición toda una gama de otros "respaldos" a los que puede recurrir para cubrir un riesgo crediticio. Estos van desde garantías formales de personas físicas o jurídicas hasta simples manifestaciones escritas de terceros en apoyo del beneficiario del crédito.

Las primeras tienen un valor legal, y según quién las emite y la forma en que están redactadas, varía la facilidad y la seguridad de su ejecución. En principio, una garantía emitida por un banco (ya que tales operaciones también forman parte de sus actividades específicas) será de más fácil ejecución que una emitida por un particular.

Una garantía puede ser "solidaria" y ser ejecutable al primer requerimiento del beneficiario de la misma o estar condicionada a la demostración por parte del beneficiario de que intentó primero (incluso, a veces, judicialmente) cobrarle al deudor principal.

Algo distintas, porque no garantizan el crédito *per se* sino que, indirectamente, reducen el riesgo del mismo, son las cartas de "subordinación" (de deudas), y las de "compromiso" (de no distribuir dividendos, de mantener las utilidades en la empresa, etc.). Sin embargo, estas también tienen valor legal.

Las segundas, o sea, las garantías consideradas "informales", no tienen un claro valor legal y suelen ser de difícil o imposible ejecución. Estas van desde las cartas de "toma de conocimiento" (*acknowledgement letters*), las cartas de "apoyo" (*comfort letters*) hasta las simples cartas de "intención".

Por consiguiente, más que nada, estas cartas tienen un valor moral. Su obtención solo agrega alguna seguridad a créditos concedidos a clientes serios y firmas prestigiosas. Según su contenido y la manera en que están redactadas, estas cartas pueden tener un mayor o menor valor.

Hay que agregar, por otra parte, que la enumeración arriba indicada constituye una clasificación simplificada. La redacción de estas cartas puede combinar ciertos elementos de una con los de otra.

Garantías morales

Como su nombre lo indica, la "carta de parentesco" contiene a menudo el reconocimiento, por parte de una casa matriz o de una sociedad afiliada o vinculada, del grado y de la veracidad de su relación con la sociedad beneficiaria del crédito. Esta carta puede contener además elementos de la carta de "toma de conocimiento", en la cual se reconoce o certifica estar informado del crédito que el banco ha puesto a disposición de su subsidiaria.

Aquí se comprende con mayor claridad lo que dije sobre el mayor o menor valor de estas cartas según la forma en que estén redactadas.

Por ejemplo, en el caso citado, la empresa puede limitarse a decir que conoce la operación efectuada o puede decir que la conoce y la aprueba. La diferencia es sutil, pero ¡muy importante!

La "carta de respaldo" generalmente va un paso más allá: en ella se manifiesta no solo que se conoce al beneficiario y la operación efectuada, sino también que se seguirá de cerca su evolución y se tomarán las disposiciones necesarias a su buen desarrollo y ulterior liquidación.

Otra vez, la terminología de una carta de respaldo puede fortalecerla o debilitarla, acercándose las más fuertes (desde el punto de vista legal) a una garantía formal.

Finalmente, las cartas de "intención" son muy variadas. Como su nombre lo indica, en ellas, la empresa que las emite manifiesta –sin comprometerse formalmente– su propósito de hacer algo. A pesar de su gran variedad (teóricamente son tantas como intenciones pueden manifestarse), estas cartas tienen un elemento común: siempre son de "buena intención". Un cliente a veces se resiste a manifestar por escrito sus buenas intenciones, pero uno puede estar seguro de que nunca manifestará ni por escrito, ni verbalmente, sus malas intenciones. Esas, el banquero tendrá que adivinarlas.

Garantías legales o mixtas

Por su parte, las cartas de "compromiso" ya tienen cierto valor legal, aunque se asemejan mucho a las garantías morales, porque la acción que se puede tomar en caso de no cumplimiento está mal definida, es difícil de ejecutar y habitualmente también poco efectiva. Existe, asimismo, una enorme variedad de ellas.

Mencionaré solo dos clásicas, que están directamente relacionadas con el tema de los riesgos crediticios:

1) La carta de subordinación de deudas.

Resulta muy útil. Frecuentemente, y por diversas razones, sobre todo fiscales, los socios de una empresa prefieren aportarle capital de trabajo adicional bajo la forma de préstamos, en vez de aumentando el capital de la misma. Si no existe una carta de subordinación de deudas por la cual el cliente se compromete a mantener los fondos en la empresa mientras esta adeude cualquier importe al banco, la empresa se verá perjudicada en su relación crediticia con el banco por la pesadez de su balance. En efecto, la relación recursos propios sobre deudas se verá afectada doblemente, al no aumentarse el capital e incrementarse las deudas. Si existe la carta de subordinación, el banquero puede, en cierta medida, considerar los aportes de los socios como recursos propios adicionales en vez de deudas de la empresa. Con lo cual el aspecto del balance cambia drásticamente en beneficio del cliente, dándole al mismo tiempo mayor tranquilidad al banquero.

2) La carta de "compromiso de no distribuir dividendos".

Tiene un propósito similar. Los beneficios acumulados solo se pueden adicionar a los recursos propios de la empresa si se sabe a ciencia cierta que no serán distribuidos.

Reticencia de los clientes

A veces, un cliente no desea (o no puede) emitir una garantía ni capitalizar su empresa, por razones válidas. En el caso de garantías a nivel internacional, por ejemplo, la obtención del permiso de las autoridades cambiarias puede ser requerida y estar sometida a trámites engorrosos. Por otra parte, la obtención de una garantía bancaria afecta las líneas crediticias del cliente con su banco.

En vista del habitual intercambio de información entre las entidades bancarias, el otorgamiento de una garantía a favor de una de ellas puede obligar al cliente a concederla también a todos sus otros bancos.

Por el contrario, una carta de intención o compromiso, o una carta de parentesco o respaldo, no está sometida a ninguna reglamentación, y su existencia tampoco debe ser comunicada de banco a banco. Por ende, rara vez existe una razón válida para que el cliente o su casa matriz se niegue a proporcionarla.

El banquero tiene el derecho y la necesidad de convencerse de la buena fe de sus clientes. A veces, estos invocan razones de "principios" para negarse a emitir cartas como las descritas. Como banquero desconfío de tales razones porque la experiencia me enseñó que, cuando alguien debe recurrir a ellas, suele ser porque todas las demás razones son malas.

Un cliente puede ganarse la confianza de su banquero de muchas maneras. La primera, y tal vez la mejor, es demostrándole que tiene confianza en sí mismo y en su empresa.

Una casa matriz que no apoya mediante garantías o por lo menos mediante "cartas de respaldo" a su subsidiaria, o el socio principal de una empresa que niega su aval personal a los créditos concedidos a su firma, no pueden reprocharle al banquero su suspicacia.

El banquero y Salomón

Un banquero amigo me contó que fue visitado por el gerente de la subsidiaria de una multinacional. El balance de la firma era desequilibrado y, por lo tanto, sin el apoyo de la casa matriz, no justificaba el crédito solicitado. El banquero pidió la garantía de la empresa del exterior, a lo que el cliente, bastante molesto, exclamó: "¿Qué clase de banquero es usted, que no quiere asumir riesgos?".

Mi amigo le contestó que, ya que lo ponía así, se contentaría con una garantía por el 50% del riesgo. Así asumiría el mismo riesgo que la propia casa matriz, y más no se le podía pedir.

La idea era lógica: si la empresa madre daba la garantía por el 50%, demostraba la confianza y el interés que tenía en su subsidiaria, pero si no lo hacía, lo mejor era abstenerse.

Desde entonces he adoptado esta posición salomónica en muchas ocasiones, con bastante éxito.

Riesgo político

El riesgo de carácter político, lamentablemente, ha ido tomando cada vez más importancia en el estudio de los créditos y no solo a nivel internacional, sino muchas veces también cuando se conceden créditos domésticos. Digo lamentablemente, porque estimo que este es el tipo de riesgo que el banquero, por ser banquero y no político, está menos capacitado para analizar y prevenir.

Hace poco tiempo se establecieron varios métodos para estudiar y calificar los riesgos por país. Los trabajos realizados constituyen un esfuerzo loable por cuantificar y medir lo no cuantificable ni mensurable. Como ejercicio intelectual, pueden tener interés, aunque son comparables a los libros que enseñan cómo jugar a la ruleta. Ciertos acontecimientos recientes parecen demostrar que cuanto más necesario resulta prever posibles acontecimientos políticos, más difícil es hacerlo.

Aun sin ser alcanzados por los grandes problemas internacionales, los créditos domésticos también enfrentan riesgos de naturaleza política. Generalmente, están sujetos a tales problemas las empresas y los proyectos que, por su importancia, tienen cierta influencia sobre la economía de sus países respectivos.

Conviene recomendar cautela cuando entre los principales accionistas o directores de una empresa se encuentran figuras políticas conocidas. Estas sociedades pueden disfrutar de ventajas mientras el partido político al que pertenecen sus directores está en el poder. Pero, cuando esta situación se invierte y la oposición obtiene la preponderancia en el gobierno, las ventajas se convierten en desventajas.

Las rivalidades políticas también pueden tener consecuencias nefastas en las relaciones con las empresas del Estado. Los puestos ejecutivos de tales compañías suelen ser asignados por razones puramente políticas, y es bien sabido que el nuevo gerente general de una sociedad tenderá a criticar todas las operaciones realizadas y las decisiones tomadas por su antecesor.

Dichas operaciones, en consecuencia, pueden ser revisadas, demoradas y hasta anuladas.

Un banquero sabe analizar un proyecto, la situación de un balance, las perspectivas de un negocio, y estudiar un mercado. Pero cuando debe enfrentar problemas de carácter político se encuentra a menudo, y con razón, perdido, frustrado e impotente.

CAPÍTULO 8

EL BANQUERO Y LOS PRÉSTAMOS

El banquero tiene a su disposición el capital del banco, los depósitos de los clientes y, a veces, el redescuento. En un momento determinado, todo ese dinero puede ser abundante o escaso para hacer frente a los requerimientos de crédito de la clientela. De todos modos, siempre se supone que el banquero hará algo con estos fondos. Lo ideal –y lo que los accionistas del banco desean– es que los use para realizar préstamos seguros y rentables.

Desafortunadamente, la seguridad y la rentabilidad crecen en sentidos contrarios. Cuanto más segura es una operación, menor es el margen de ganancia. Cuanto mayor es el margen de ganancia, menos segura es la operación. Como dicen los estadounidenses: "no puedes tener tu pastel y también comerlo".

El banquero debe tener clientes de crédito para poder cumplir su cometido de colocar el dinero que le fue confiado. Pero las relaciones del banquero con la clientela de crédito son más complejas que su relación con la clientela de depósitos, o por lo menos, distintas. Si bien el banquero no suele conocer personalmente a sus depositantes, debería, en principio, conocer a sus clientes de crédito. Esto es todavía posible en pequeños bancos regionales, pero es prácticamente imposible en las grandes entidades internacionales, producto de una o varias fusiones.

Clientes con o sin acceso a la alta gerencia

Se pueden hacer varias clasificaciones de la clientela de crédito. La primera –y la más importante– es sencillísima: existen clientes grandes y clientes chicos.

Teóricamente el trato debería ser igual con todos, o por lo menos similar. En la práctica, existe una diferencia básica difícil de superar: el cliente grande es a veces atendido por el banquero; el cliente chico, si tiene suerte, lo es por funcionarios que algún día podrían llegar a ser banqueros. Cuando es atendido por un futuro banquero, su relación con el banco es relativamente fácil. Si, en cambio, lo atiende un funcionario que no llegará a puestos más importantes, los diálogos resultarán más complicados. Como vemos, en los bancos, las minorías son mejor atendidas que las mayorías. Para ello, más que razones de política, existen razones circunstanciales: en bancos grandes es materialmente imposible dar una atención personal e igual a todo el mundo.

Ventajas y desventajas del cliente atendido por el banquero

Claro que también puede argumentarse que la atención personal del banquero no es necesariamente la más deseable para el cliente y que este, a veces, será mejor atendido a otros niveles. Puede ser, pero rara vez ocurre. Después de todo, el banquero suele ser alguien que ya pasó por muchas pruebas, a las cuales superó, logrando objetividad en sus juicios y un equilibrio entre factores opuestos, como los antes citados: seguridad y rentabilidad. Sobre todo, se espera que haya conseguido controlar y contrarrestar la tendencia natural, con la que nace todo banquero, de prestarle a todo el mundo o no prestarle a nadie.

Por otra parte, el banquero dispone de algo vital para el cliente, por lo menos en mayor medida que los demás funcionarios del banco: poder de decisión. Es por esto que casi todos los clientes tienden a buscar el contacto al más alto nivel. Los clientes que tienen razones para querer engañar al banco y piensan que será más fácil lograrlo con funcionarios menos experimentados, tratan de evitar el contacto con las altas jerarquías.

Frecuentemente el banquero evita el contacto personal con el cliente de crédito por simple falta de tiempo. Pero también lo hace, a veces, porque tiene poder de decisión y sabe que esto constituye a la vez una fuerza y una debilidad. En una negociación, el que no tiene poder de decisión siempre aventaja al que lo tiene.

Selección de la clientela de crédito

Inevitablemente, lo primero que existe en la relación banquero-cliente de crédito es un proceso de selección.

Al cliente a veces le cuesta entender que, así como él tiene derecho a elegir su banco, el banco tiene derecho a elegir sus clientes.

La primera selección se hará sobre una base totalmente impersonal. Al establecer una política crediticia, el banquero la efectúa de hecho. Pero una vez que se encuadren en la política establecida y dentro de los cupos previstos para cada sector de actividad, cada plazo y/o cada tipo de garantías aceptadas, el banquero deberá elegir los clientes que más le agraden, los que más le convengan, así como las operaciones que le inspiren mayor confianza. Para un banquero nunca es fácil hacer esta selección. Se presume que el cliente debe conocer su negocio mejor que él. La ventaja del banquero en su análisis no será el profundo conocimiento de un negocio específico, sino el entendimiento de las condiciones básicas que son válidas e indispensables para el éxito de cualquier negocio.

Por no ser especialista en la operación presentada, el banquero podrá tener un punto de vista diferente y "fresco" sobre la misma. Podrá hacer preguntas sobre aspectos que, por ser elementales, no se habían considerado, y, sobre todo, podrá ser objetivo.

Saber decir "no"

El banquero debe recordar que si tiene una responsabilidad hacia el depositante, la tiene también hacia el cliente de crédito. A este suele costarle entender que su interés y el del banco rara vez difieren, y que, cuando el banquero le niega un crédito, muchas veces es por su propio bien. Esto se entiende, ya que ni al mismo banquero le resulta evidente. Sin embargo, debería ser así en la mayoría de los casos. El cliente es como el paciente que consulta a un médico: desea que se le diga que goza de buena salud, y en nuestro caso, que se le conceda el crédito solicitado.

Solo un médico muy bueno y hábil logrará, después de decirle al paciente que está enfermo, que este no se vaya deprimido. Solo un buen banquero será capaz de negarle un crédito al cliente y que este se retire conforme.

Saber decir que "menos"

Un elemento que también debe tomarse en cuenta es que el cliente, en la mayoría de los casos con toda sinceridad, o como táctica en algunos, tendrá una tendencia natural a considerarse merecedor de un crédito mayor del que realmente amerita. Las consideraciones del banquero al medir un crédito no serán siempre las mismas que las del cliente.

Siempre es conveniente que, tanto ante el cliente como ante sus funcionarios, el banquero fundamente sus decisiones en materia de concesión de créditos para que vayan asimilando la política del banco y puedan transmitir las razones dadas a los clientes.

Aun así, existirán y persistirán inevitablemente diferencias de opinión, pero por lo menos se podrá crear una relación de respeto mutuo que nunca se logra con decisiones arbitrarias.

Saber preguntar "¿cómo?" y "¿para qué?"

Finalmente, el banquero debe hacer entender al cliente que sus preguntas o requerimientos no constituyen y no deben ser considerados como una indiscreción, un atrevimiento o una ofensa. El banquero tiene derecho a saber cómo y para qué será utilizado el dinero que presta. En caso de que así lo desee, el cliente tiene derecho a negarle información, y entonces el banquero tendrá derecho a su vez a no otorgarle el préstamo.

Insistiendo en el paralelo con el médico, diré que un banquero no puede hacer un diagnóstico si no cuenta con los datos necesarios, y tampoco puede prestar el dinero que le ha sido confiado por sus depositantes hasta haber establecido dicho diagnóstico.

Todo puede esperar veinticuatro horas

Algunos clientes tienen la mala costumbre, ya sea por descuido, por táctica o por convicción, de presentar al banquero operaciones o problemas de carácter urgente cuya resolución debe ser inmediata. En mi opinión, siempre es mejor declinar una operación que no puede esperar hasta el día siguiente.

El cliente eficiente prevé sus necesidades con tiempo, la operación válida merece y resiste un mínimo de reflexión. Nadie tiene derecho a pedirle al banquero que decida al instante sobre un tema que el cliente ha venido estudiando por largo tiempo.

El banquero tiene que ser rápido, ¡pero nunca tiene que dejarse apurar!

Insistencia sospechosa

La excesiva insistencia también puede ser un elemento a tomarse en cuenta cuando se estudia la posibilidad de establecer una nueva relación crediticia.

Recuerdo el caso de una firma importante, primera de la plaza en su ramo, que se acercó a un banco para solicitar una línea de crédito. Después de estudiar los pros y los contras, el banco decidió abstenerse. Pasaron unos meses, y la misma empresa volvió a insistir en su interés por establecer una relación de negocios con el banco. Esto dejó algo perplejo al gerente que atendió a la firma: ¿por qué la misma daba tanta importancia al asunto, cuando ya gozaba de amplias facilidades crediticias acerca de otras instituciones bancarias? Decidió mantenerse firme en su posición. Después de un tiempo, la sociedad volvió a la carga mediante un contacto con el presidente del banco. La aparente falta de orgullo de la empresa al insistir cuando ya había sido rechazada dos veces provocó real sorpresa y no hizo más que confirmar al banco en su posición original. Un año más tarde, la firma quebraba causando cuantiosas pérdidas a sus acreedores.

La responsabilidad de prestar

La responsabilidad del banquero hacia el cliente de crédito termina donde empieza su responsabilidad hacia el depositante. Al banquero se le reprocha, a veces, su falta de conciencia social, por ejemplo, cuando se abstiene de prestar a sectores o personas necesitadas por el riesgo que representa tal crédito.

Por el contrario, creo que es a causa de su conciencia social que no lo hace: ¿hacia quién tiene mayores obligaciones el banco?, ¿hacia tal o cual sector de la economía o de la población, o hacia sus depositantes, que representan en general a todos los sectores?

La ayuda desinteresada, las donaciones, son necesarias y tanto el Estado como los entes privados deben asumir sus responsabilidades en este campo, pero esa no es la función de los bancos privados ni conviene que lo sea. El símbolo del banco debería ser un bumerán: el dinero que siembra debe ser útil, pero debe volver al punto de partida para poder ser invertido de nuevo en otras operaciones.

El funcionario de crédito

De lo que antecede surge que, en la gran mayoría de los casos, entre el cliente de crédito y el banquero existe un intermediario que es el funcionario de crédito. A dicho funcionario se le pueden hacer las siguiente recomendaciones importantes con respecto a la atención del cliente, entre otras:

a) Ser asiduo.

Al cliente le gusta recibir una atención personal, por lo tanto, es importante mantener el contacto con cierta frecuencia aun cuando, a primera vista, pudiera no parecer indispensable. Recibirlo, visitarlo o, por lo menos, llamarlo por teléfono es la única manera de establecer una relación provechosa. El cliente de crédito casi siempre trabaja con varios bancos. Aquel que se muestre más atento y más agresivo –en el buen sentido de la palabra– se llevará la parte del león.

b) Recordar o simular recordar lo tratado.

El cliente piensa que el problema que él presenta es el más importante de todos (y para él, lo es). Por lo tanto, reacciona con profunda frustración cuando el funcionario no parece recordar la operación que le fue sometida, o aún peor, no parece recordarlo a él. Al funcionario le cuesta poco, antes de recibir un cliente, hacer un breve repaso de su historia bancaria. Cada cliente debe sentirse –y ser– el mejor conocido por el funcionario de crédito, por lo menos durante el tiempo en que este lo recibe.

"En general, su inmensa fortuna es difícil de localizar fuera de su pomposa conversación."

c) Saber presentar una operación a sus superiores.

Si el cliente es bueno y la operación que trae parece interesante, el funcionario de crédito deberá convertirse en el abogado del cliente ante la alta gerencia. La mitad de las posibilidades para que una operación sea aprobada está en su adecuada presentación. A veces, los mismos elementos pueden producir reacciones opuestas, por el simple orden en que han sido presentados.

El funcionario no debe limitarse a ser un analista y un transmisor pasivo de información, debe hacer valer los puntos importantes de una situación o de una operación y dar una opinión bien fundada al respecto.

d) Saber seleccionar las operaciones.

De la misma forma que un abogado no acepta todos los casos, el funcionario no debe defender sistemáticamente todas las operaciones que le son presentadas. Si la operación no le satisface deberá rechazarla o elevarla con su opinión negativa. El funcionario de crédito debe defender a sus buenos clientes, pero no debe olvidar que su primera responsabilidad no es hacia el cliente, sino hacia el banco.

e) Contestar sí o no, pero siempre contestar.

Es necesario dar respuestas rápidas a las propuestas del cliente. Esto no es siempre fácil, por ciertas tendencias burocráticas que surgen en todos los bancos grandes. Sin embargo, el funcionario deberá hacer lo imposible para que el cliente reciba una respuesta en un plazo razonable y, sobre todo, no deberá demorar una respuesta por ser negativa.

Lamentablemente, algunos funcionarios temen dar un "no" al cliente. Sin embargo, es mucho mejor para las relaciones de un banco con su cliente de crédito darle una negativa rápida, que no brindarle contestación alguna.

f) Saber explicar sus decisiones.

Cualquiera sea la respuesta dada a un cliente, hay que tratar de fundamentarla. Es frecuente que un cliente acepte las razones esgrimidas por el banco. Lo que no aceptará es una decisión sin explicación alguna, pues le parecerá arbitraria (aunque no lo sea) y, por ello, será considerada como una descortesía.

g) Saber asimilar los puntos de vista de la alta gerencia.

Un funcionario no debe olvidar que es parte del banco y lo representa. Si no está de acuerdo con una decisión superior, puede y debe discutirla. Pero una vez aceptada esta, deberá defenderla y explicarla al cliente como propia.

Muchos funcionarios, cuando una respuesta no es satisfactoria para el cliente, tienden a transmitir la decisión diciendo: "La gerencia decidió" o "La junta directiva dictaminó", dejando entrever al solicitante su posible desacuerdo personal con la decisión tomada.

El funcionario que procede así no hace más que desprestigiarse frente al cliente, ya que este forzosamente pensará que dicho funcionario tiene muy poco peso dentro de la organización o no sabe hacer valer sus puntos de vista.

h) No dejarse impresionar por el cliente.

El funcionario debe recordar que no todos los clientes son buenos y, por lo tanto, no deberá juzgarlos por las apariencias, sino por un análisis en el que se hayan tomado en cuenta los principios básicos que rigen las operaciones de crédito. Existen clientes –o potenciales clientes– que tienen una habilidad especial para impresionar o tratar de influir en el funcionario de crédito. Por ejemplo, el caso clásico del señor que se dice amigo del presidente del banco, aprovechando la información casualmente obtenida de que este último está de vacaciones. O el caso del señor que baraja millones o, mejor aún, billones. Si se le debiera creer a este señor nunca consideraría siquiera un negocio que no fuese digno de un magnate naviero o petrolero. Lo malo es que, en general, su inmensa fortuna es difícil de localizar fuera de su pomposa conversación.

i) No ser crédulo.

El funcionario debe desconfiar de los negocios "demasiado buenos para que sean verdad". Los milagros financieros no existen. Si un individuo le ofrece depósitos en dólares estadounidenses a treinta y cinco años con un interés anual del 2%, no se deje tentar: ¡échelo fuera de su oficina!

j) Saber usar correctamente la autonomía.

Si bien la concesión de una autonomía limitada a los funcionarios de crédito se volvió extremadamente rara, todavía existen algunos bancos (generalmente chicos) que la conceden a funcionarios experimentados y de confianza.

Es muy importante que estos funcionarios entiendan perfectamente el carácter de la autonomía que el banco les concede y que la sepan usar en forma adecuada.

La autonomía se otorga, en parte, para prestigiar al funcionario, para completar su formación, acostumbrarlo a tomar decisiones y, en parte, por necesidades operativas de carácter práctico. Esta permite acelerar las decisiones, descentralizar el manejo de ciertas operaciones y obviar los paralizantes procesos burocráticos. Pero todo esto se hace en la presunción de que el banco tiene una política y/o normas crediticias bien definidas, y que los funcionarios están perfectamente enterados de ellas y son capaces de interpretarlas. En otras palabras: la autonomía se otorga para que, siguiendo las normas existentes, el funcionario pueda moverse libremente dentro de sus límites.

No se la concede, como algunos parecen inclinados a creer, para que el funcionario haga lo que se le da la gana. Dentro de su autonomía, un funcionario podrá hacer operaciones que entiende que habrían sido aprobadas también por la alta gerencia, y nunca operaciones que sabe que no hubieran sido aprobadas. Claro que puede equivocarse al respecto, pero no le conviene.

El banquero puede admitir un error del funcionario, pero nunca su mala fe. Algunas operaciones malas son tan obvias, o salen tan nítidamente de las normas del banco, que solo caben dos interpretaciones: o fueron hechas de mala fe, o el funcionario no sirve para el puesto que desempeña.

Si bien es peligroso decir esto, me tiro al agua: prefiero un funcionario que hace operaciones correctas fuera de sus límites, al que se equivoca dentro de estos.

Los absurdos en la fijación de autonomía

La dificultad y/o resistencia de los funcionarios a respetar los límites de autonomía que les son fijados suelen ser culpa del banco. Por ejemplo: cuando se establecen autonomías "absolutas", un funcionario que goza de un límite de autonomía de u$s 20.000 no podrá, en ningún caso, otorgar un crédito adicional a un cliente que tenga ya una línea que iguala o supera ese importe. Este funcionario podrá otorgar u$s 20.000 a un cliente que nunca haya hecho uso de crédito en el banco, mientras que a un cliente que haya utilizado con regularidad y buena experiencia u$s 10.000, podrá otorgarle solo u$s 10.000 adicionales. A otro que tenga una línea utilizada de u$s 15.000 y sea un cliente muy antiguo, con excelentes antecedentes, no podrá darle más que u$s 5.000 por encima de lo que tiene en curso. Finalmente, a un cliente que goce de un crédito utilizado de u$s 500.000 (el cual, por su importancia, haya debido ser autorizado y analizado al más alto nivel del banco) ¡no podrá concederle ni un centavo más!

Algunos bancos han evitado esta situación absurda autorizando a sus funcionarios a conceder a los clientes –dentro de su autonomía– créditos adicionales de hasta 10% por encima de los ya otorgados y utilizados. Eso significa que un funcionario que tiene autonomía por u$s 20.000 puede otorgarle, a un cliente que tiene un crédito de u$s 10.000, hasta u$s 11.000 más (o sea, u$s 10.000 dentro de su límite de autonomía y u$s 1.000 adicionales que representan el 10% de la línea original). A un cliente que tenga una línea de crédito de u$s 20.000, el funcionario puede darle u$s 2.000 más; a uno que tenga una línea de u$s 200.000, autorizarle hasta u$s 20.000 adicionales, y a aquel que tiene una línea de u$s 1.000.000, concederle también hasta u$s 20.000 (ya que no debe superar nunca su límite de autonomía).

Autonomía por categorías de riesgos

También crea confusión el hecho de que existen generalmente varios niveles de autonomía para un mismo funcionario, según el riesgo que deba asumir. Algunos bancos han dividido los riesgos en tres categorías, según si:

- son a sola firma (en blanco);
- cuentan con dos firmas;
- están amparados por garantías reales.

Las categorías de riesgos constituyen una clasificación quizás necesaria, pero frecuentemente artificial y engañosa. Para que sean válidas habría que crear un gran número de subcategorías, ya que no todas las segundas firmas tienen el mismo valor (sin siquiera considerar el caso de los documentos de respaldo), como tampoco lo tienen las garantías reales. Sin embargo, esto no sería práctico y provocaría un proceso burocrático paralizante.

Por el contrario, es recomendable reducir al mínimo la cantidad de categorías de riesgos y, así, el número de límites de autonomía por cada funcionario.

Hoy en día, la mayoría de los bancos dividen los riesgos en tan solo dos categorías: los que son a sola firma y los que cuentan con cualquier tipo de garantías, tengan estas la forma de un compromiso escrito de terceros o de una prenda o hipoteca sobre bienes materiales.

Además, ciertas operaciones son difíciles de clasificar. Por ejemplo, los créditos documentarios son considerados habitualmente riesgos de segunda (o tercera) categoría, porque el banco que los abre mantiene cierto control sobre las mercaderías amparadas por los mismos, mientras no haya entregado (o endosado) la documentación de embarque respectiva al cliente ordenante. Por otro lado, si uno tiene en cuenta los diferentes grados de control, o falta del mismo, que el banco tiene sobre los documentos, según si están a su orden o no, completos o no, en orden o no, y que estos frecuentemente deben entregarse al ordenante antes de que venza el riesgo (en el caso de créditos documentarios de aceptación o de pago diferido), puede llegarse a la conclusión de que sería mejor considerar todos los créditos documentarios como riesgos en blanco desde su apertura.

Es curioso que los riesgos estén clasificados por orden inverso a su importancia. En teoría, por lo menos, el riesgo de primera categoría es el peor, y el de tercera, el mejor.

La autonomía y el pragmatismo

También existen razones de carácter puramente práctico para la fijación de límites de autonomía. Si se conceden límites demasiado bajos (y si son respetados), se crearán cuellos de botella en el manejo de las operaciones.

Recuerdo un gerente de sucursal del interior a quien se había convocado para comunicarle que le habían duplicado los límites de autonomía, pero que en vista de ese hecho se le pedía respetarlos. El funcionario respondió que no podía hacer tal promesa porque significaba la necesidad de realizar, por lo menos, veinte consultas diarias, lo cual ni él ni la dirección central estaban en condiciones de atender.

¡Y tenía razón!

La fijación de límites de autonomía no es cosa fácil. Deben tomarse en cuenta varios factores a la vez, como el rango del funcionario, el puesto que ocupa y las necesidades y posibilidades reales de la organización. Digo el rango del funcionario y no la confianza que se tiene en su buen juicio e integridad, porque se presume que el rango otorgado debe reflejar justamente el concepto que la alta gerencia tiene de él bajo esos aspectos.

Si bien teóricamente no deberían existir diferencias en los límites de autonomía de funcionarios del mismo nivel jerárquico, es necesario adaptarlos a la importancia del puesto ocupado. Un gerente de una agencia menor no debería gozar de la misma autonomía que uno de una agencia mucho mayor. Por consiguiente, lo importante será ubicar al funcionario de mayor confianza en la agencia más grande, y no lo contrario.

CAPÍTULO 9

EL BANQUERO Y LOS DEPÓSITOS

Probablemente el elemento más importante en la relación cliente-banquero-cliente sea el depositante. Él constituye el verdadero pilar del sistema. No hay que sorprenderse, por lo tanto, que sea quien está peor atendido. Para ello, hay algunas razones válidas, y otras que no lo son tanto.

Sin el depositante tal vez no habría ni bancos ni banqueros. Un banco debería limitarse a prestar parte de su capital propio (el no invertido en bienes de activo fijo) y, eventualmente, los fondos provenientes del redescuento que pudiese obtener de su Banco Central. Sus fondos propios no alcanzarían a cubrir la demanda de crédito de sus clientes, sus operaciones no lograrían justificar su costo operativo, y, por ende, su existencia.

El redescuento, por otra parte, es emisión, aumento de la circulación monetaria y, si se usa masivamente o sin restricción, es inflacionario.

El ahorro no es inflacionario; este es uno de los pocos puntos sobre el cual todos los economistas están aparentemente de acuerdo. Por consiguiente, el ahorro es siempre deseable y constituye el punto de partida de todo sistema bancario. En cada banco, a falta de algo mejor, debería por lo menos elevarse una estatua al depositante.

La publicidad y el depositante desconocido

No se puede argumentar que el banquero ignora al depositante. En general, le dirige una publicidad masiva y agresiva. Gasta sumas enormes tratando de convencerlo de que su tasa de interés de, por ejemplo, el 2% es mejor que la tasa de interés del 2% del banco vecino, que su capitalización de intereses trimestral le será más beneficiosa que la misma capitalización de intereses del banco competidor, y que ahorrar en su banco es una virtud mayor que ahorrar en cualquier otro, sin decir además que es increíblemente más rentable y menos riesgoso que depositar dinero en una compañía financiera al 5%.

Muchos bancos también se vanaglorian de que los intereses sobre ahorros están libres de impuestos en sus respectivas instituciones. Demos al César lo que corresponde al Estado: ¡los bancos no han hecho nada para que los ahorros estén libres de impuestos!

El depositante y los depósitos

El banquero es consciente de la importancia del depositante, ya que lo alaba por televisión, radio y prensa. Entonces, ¿por qué no lo trata mejor cuando, convencido o no por la demagógica publicidad, este se presenta en el banco? Como dije, hay varias razones. La más importante es que los depositantes son demasiados, y de esto derivan las demás razones.

Pero quizás me equivoque al decir que el banquero conoce la importancia de los depositantes. En verdad, solo parece conocer la importancia de los depósitos. Todas las estadísticas, todos los estudios, todas las políticas, todas las recomendaciones a los funcionarios del banco, están dirigidas a la captación de depósitos, no de depositantes. El banquero conoce el concepto de "depositantes" y de "ahorristas", sabe que teóricamente existen, pero no los visualiza, lo que le interesa son los depósitos y los ahorros.

¿La publicidad? No está hecha por banqueros, sino por agencias especializadas, que ponen sus conocimientos al servicio del banquero. El publicista sabe que el banquero quiere depósitos y que para obtenerlos debe dirigirse al depositante. De allí proviene la falsa impresión que el banquero se dirige a este. Si la publicidad fuese hecha por los banqueros, se dirigiría directamente al depósito. Por eso se decepciona el depositante cuando este acude al banco y no es reconocido por su viejo amigo, el banquero.

Sin embargo, la culpa no es toda del banquero; como dije más arriba, los depositantes tienen el defecto de ser demasiados. Si el banquero pudiese atender personalmente a cada uno, seguro que lo haría con deferencia, y serían los beneficiarios indirectos de su culto por el depósito. Pero el banquero no los atiende personalmente, sino que lo hacen empleados del banco, que aunque sean eficientes no tienen el mismo culto al depósito ni tampoco al depositante. Los clientes que tienen alguna oportunidad de conocer las altas esferas del banco son aquellos cuyos depósitos son de tal volumen que su retiro inmediato ocasionaría problemas a la entidad (y por eso, un depositante muy importante puede ser poco deseable en un banco chico, por el peligro que implica el retiro súbito de su dinero). También puede lograrlo aquel que protesta tan airadamente que puede perturbar la paz del banco, y, finalmente, el estafador.

No hay duda de que si un cliente desea captar la atención de la alta gerencia, deberá convertirse en un cliente de crédito. Cuanto más deba al banco, mejor será atendido y hasta podrá llegar a conocer personalmente al banquero, con lo cual verá recompensados todos sus esfuerzos.

Debe aclararse que, a veces, al banquero lo beneficia la falta de contacto directo con sus depositantes. Este fue el caso de algunos banqueros suizos que, después de la Segunda Guerra Mundial, lograron mantener depósitos de sorprendente estabilidad al perder todo contacto con numerosos clientes alemanes que desaparecieron sin dejar rastros.

Sin embargo, no todos los bancos pueden esperar que tal conjunto de circunstancias les brinde una oportunidad igual. Ningún banquero se atrevería, además, a confesar, ni a su más íntimo amigo, que en algún recóndito lugar de su mente, en cierto momento, involuntaria y fugazmente, le pasó por la mente desear que una situación parecida le llegase a favorecer. Uno de los deberes fundamentales del banquero, si no el más importante, es proteger los intereses de los depositantes. Esto es generalmente admitido y se trata de una de las funciones sociales de los bancos.

Además, creo poder decir que la mayoría de los banqueros logran este objetivo. Por suerte, hay ciertas coincidencias de interés (al menos desde el punto de vista de la seguridad de los depósitos) entre el banco, sus accionistas, sus funcionarios y empleados, y sus depositantes.

Por consiguiente, la probabilidad de que este último se vea protegido es buena. Pese a eso, cuando el banquero toma una decisión o concede un préstamo, rara vez piensa en el depositante. El banquero conoce su responsabilidad hacia el depositante y cumple con ella, pero pocas veces en forma deliberada.

¿Sociedad de protección al depositante?

La culpa de esto también la tienen los depositantes. Si el banquero no los conoce, ellos tampoco se conocen entre sí. He oído hablar de asociaciones de protección al consumidor, nunca de asociaciones de protección al depositante. Todos presionan y exigen cosas del banquero: los accionistas, los clientes de crédito, los empleados. Todos, salvo el depositante.

Los sindicatos se sienten con derechos sobre el banco por ser este su fuente de trabajo. En algunos países han exigido y logrado participar en la gestión de las instituciones bancarias donde trabajan sus agremiados. ¿Acaso tienen más derecho a ello que el depositante?

Infidelidad del depositante

En vista de la aparente indiferencia del banquero, el depositante suele adoptar (quizás como represalia inconsciente) una actitud similar. Esto es natural porque pronto descubre, pese a la publicidad, que un 2% es igual en todas partes. Si un banco nuevo abre una agencia más cercana a su casa o a su trabajo que las del banco donde mantiene su cuenta, el depositante no dudará en cambiar de entidad.

Eso es todavía más probable en países donde el Estado garantiza los depósitos de ahorro, aun en la banca privada.

El hecho de que los beneficios de tal práctica superen sus inconvenientes es discutible. Existe, claro está, una justificación social, pero también un efecto uniformador que va en detrimento de la sana competencia. Los bancos se preocuparían más por obtener y presentar a sus depositantes una imagen de solidez, buena gestión y ortodoxia bancaria si tal garantía no existiese. Una estrecha vigilancia sobre la gestión de los bancos debería ser el método mejor para proteger a los depositantes.

De todos modos, los bancos se vanaglorian de esta garantía estatal sobre sus depósitos de ahorro, cuando su contribución al logro de la misma generalmente no ha ido más allá de alguna que otra quiebra estrepitosa.

Ventajas reales para el depositante

¿Qué puede ofrecerle un banco a un depositante que otro banco no le ofrezca? Ya hemos visto: la cercanía a su hogar.

Aquí debemos distinguir entre la atención a cuentas en zonas céntricas y comerciales, y la atención en zonas residenciales.

En el primer caso, la clave será un servicio eficiente y, sobre todo, rápido. En nuestro mundo moderno, la rapidez ha cobrado una importancia enorme, todo se hace en forma apurada porque el tiempo no alcanza. El banco también debe satisfacer este requerimiento de velocidad que, más que una necesidad, se ha vuelto una verdadera manía.

Por otro lado, en el caso de las cuentas en zonas residenciales habrá que ofrecer algo más. En las zonas suburbanas todavía existe una absurda nostalgia hacia el contacto humano. Allí habrá que otorgar alguna forma de contacto personal al depositante. Si bien, como ya vimos, esto difícilmente pueda hacerlo el banquero, puede ser tarea de los empleados que atienden el mostrador o del cajero.

Por razones de seguridad (como veremos más adelante) se considera conveniente una frecuente rotación del personal, sobre todo en los sectores que atienden las operaciones de crédito, pero en la atención al depositante debería lograrse cierta estabilidad. Lo único capaz de frenar la tentación del cliente de llevarse su cuenta a un banco más cercano es un "¡Buen día!" sonriente, rematado por una pregunta sobre el estado de salud de la tía reumática.

Depósitos e inflación

En períodos de inflación, el ahorrista es el primer perjudicado ya que pocas veces las tasas de interés (sobre todo, las de ahorro) suben a la misma velocidad que el costo de vida, por lo que suelen resultar negativas. Nuevamente se produce una ilusión numérica. En la libreta de ahorros crecen las cifras por capital e intereses; el ahorrista tiene cada vez más dinero con el cual puede comprar cada vez menos. La única manera de no romper la ilusión es dejar el dinero para siempre en la cuenta de ahorros. Sin embargo, el depositante termina tomando conciencia del proceso inflacionario y, entonces, tiende a retirar sus ahorros del banco, ya sea en busca de un mejor rendimiento, o para gastarlos rápidamente antes de no poder comprar más nada con ellos.

A pesar de tantas vicisitudes, el ahorrista sobrevive porque ahorrar, más que una virtud, es un hábito, una manera de pensar, el reflejo de una personalidad, de un carácter.

CAPÍTULO 10

LA RECIPROCIDAD

Hay cada vez menos bancos que se contentan con la reciprocidad clásica basada en "saldos compensatorios", no porque se dejen de exigir, sino porque se pide además la utilización de los servicios de intermediación del banco.

Si hoy en día un banco tiene un cliente de crédito con saldos que representan el 30% del crédito recibido (lo que en cualquier parte sería considerado como muy bueno), pero a pesar de que el cliente es importador, no maneja también una parte de sus créditos documentarios, ni de sus operaciones de cambio, dicho banco no se puede dar por satisfecho.

En realidad, si un cliente utiliza habitualmente cuatro servicios bancarios diferentes y no emplea más que uno con un banco, este, aun obteniendo saldos compensatorios importantes, habrá fracasado en la relación con el cliente.

Lo que interesa a los bancos es una relación global. De nada les servirá disponer de servicios sofisticados si estos no son utilizados, por lo que necesita saber venderlos. Para vender servicios de intermediación existen dos sistemas no excluyentes.

Primero, hay que ser más eficiente y más ágil que el banco competidor.

Segundo, en períodos de poca liquidez, hay que saber exigir la reciprocidad a la que el banco se hizo acreedor.

También conviene adaptar la política aplicada por el banco a situaciones nuevas y cambiantes. Un cliente disponía de una línea de crédito de u\$s 10.000.000 que utilizaba con regularidad. Aparte de saldos en cuenta que representaban un promedio del 18% del crédito, confiaba al banco la apertura de créditos documentarios de importación por unos u\$s 15.000.000 anuales. En cierto momento, se produjo una reducción de la liquidez de la plaza y, al mismo tiempo, el cliente dejó de abrir cartas de crédito. Al ser llamado por su banquero, confesó que las abría por intermedio de otro banco porque este se las financiaba. Se le dijo: "Estimado señor, sus créditos documentarios constituían la reciprocidad de su línea de crédito. Por consiguiente, existen dos posibilidades: 1) transformamos su línea de crédito ordinaria en una línea de crédito para financiación de créditos documentarios, con lo cual volvemos a la situación inicial, solo que en vez de recibir reciprocidad espontáneamente de parte suya nos la otorgará por obligación, o 2) no habiendo reciprocidad de parte suya nos veremos en la necesidad de cortar su línea de crédito".

La verdad es que este cliente no se había percatado de que lo que estaba tratando de hacer era recibir el doble de crédito con el mismo monto de reciprocidad.

El cálculo de la reciprocidad es muy complejo, ya que se necesita conocer mucho más que el promedio acreedor de la cuenta del cliente para saber si la reciprocidad del mismo es adecuada a las facilidades otorgadas. Hay que considerar –y disponer de esta información de manera rápida y exacta– todas las operaciones de intermediación canalizadas por el cliente a través del banco.

Además, conviene recordar que no todas las operaciones de intermediación presentan el mismo interés ni producen igual rendimiento. Un cliente que efectúa muchas operaciones de cambio con un banco no es necesariamente un buen cliente. Eso dependerá de si estas operaciones están en relación y compensan suficientemente el monto del crédito utilizado. También dependerá de los saldos o depósitos mantenidos en el banco. Pero, un cliente con saldos bajos tampoco es necesariamente un mal cliente, pues las operaciones de intermediación que confía a la institución bancaria pueden ser más rentables que sus saldos compensatorios.

En algunos países, la baja o nula reciprocidad se puede compensar fijando altas tasas de interés sobre los préstamos. En otros, donde existe una tasa de interés fija o máxima, esto no es posible. Cuando la tasa de interés no se puede incrementar, la obtención de una reciprocidad en saldos u operaciones se vuelve imprescindible.

Pero aun cuando las tasas de interés pueden elevarse, creo preferible tener un cliente que ofrece buena reciprocidad y a quien se le mantiene una tasa de interés baja, que otro sin reciprocidad con tasa de interés alta. Porque, en general, el cliente que está dispuesto a pagar tasas de interés altas no es el mejor.

El cliente debe saber qué se espera de él

El banquero debe explicar claramente al cliente qué entiende por reciprocidad y cuál es la que espera recibir de él.

Los bancos no comparten las mismas ideas o exigencias al respecto. Por consiguiente, en algunos casos el cliente puede no ofrecer una reciprocidad satisfactoria a su banquero por no tener una idea clara de lo que este espera realmente de él. Por ejemplo, algunos clientes consideran que si dan un gran movimiento a su cuenta corriente el banquero estará satisfecho. Cuando en realidad, un gran movimiento solo es interesante si, gracias a él, se producen saldos acreedores importantes. Un gran movimiento sin saldos solo aumenta el trabajo administrativo del banco y el número de hojas que tendrá el extracto de cuenta.

Lo que vuelve aún más difícil definir lo que constituye la reciprocidad, es que operaciones similares pueden constituir reciprocidad o requerirla, e incluso operaciones idénticas pueden ser consideradas reciprocidad o no, según el momento en que se efectúen. Por ejemplo, en épocas de iliquidez, un préstamo es una operación que merece recibir una buena reciprocidad por parte del cliente. Pero si se otorga en un sector de actividad económica en el cual el banco tiene obligación de colocar cierta proporción de su cartera, o es un préstamo que, por sus características, tiene acceso a una línea especial de redescuento, puede ocurrir que la utilización del mismo constituya una reciprocidad del cliente hacia el banco.

También es complicada la correcta evaluación de la reciprocidad recibida por un grupo de empresas.

Un préstamo puede ser otorgado a una firma que no tiene nada que ofrecer en materia de reciprocidad, mientras otra, del mismo grupo, confía al banco operaciones sin utilizar línea de crédito.

En este caso, la reciprocidad es dada a nivel grupo y debe estudiarse en forma global.

Debe haber equilibrio

El banquero no debe limitarse a saber que tiene derecho a exigir la reciprocidad, también debe darla. El cliente que tiene importantes depósitos en un banco o canaliza a través de este un movimiento muy interesante de operaciones de intermediación, también espera recibir cierta compensación. Según el cliente y el momento, puede solicitar una mayor línea de crédito, atención especial, tasas de interés o comisiones preferenciales. Lo que el banquero debe buscar en la relación con su clientela es el punto de equilibrio. Tanto el banco como el cliente deben estar satisfechos el uno con el otro. Una relación que favorezca unilateralmente a uno de los dos no será duradera.

Claro que este equilibrio no tiene por qué ser constante, sino que alcanzará con que pueda comprobarse al efectuar un análisis de la relación sobre un período más o menos prolongado.

Reciprocidad de corresponsales

La reciprocidad se ha convertido gradualmente en una de las armas más efectivas del banquero para lograr óptimos resultados en su gestión. En cualquier campo en que se desarrolle su actividad, el banquero debe obtener una compensación por los servicios, créditos o transacciones que ofrece a sus contrapartidas, sean estas clientes o corresponsales.

A nivel internacional, el seguimiento y la obtención de reciprocidad por parte de bancos corresponsales es vital.

Recuerdo que al llegar como gerente del área exterior del banco en un nuevo país, constaté que nuestro intercambio de operaciones con el país vecino era de siete a uno en contra de nosotros. O sea, por cada u\$s 7.000.000 en transacciones enviadas, recibíamos solo u\$s 1.000.000 en reciprocidad. Como el intercambio comercial entre los dos países era equilibrado, esto no se justificaba. Analizando el problema constaté que usábamos como corresponsal en dicho país a un solo banco, con el cual compartíamos accionistas. Sin embargo, nuestro corresponsal –con la mejor buena voluntad– no podía dirigirnos más operaciones, pues no ocupaba en su mercado la misma posición privilegiada que nosotros en el nuestro. Lo primero que hicimos fue establecer otras relaciones de corresponsalía con importantes bancos del mismo país. Al cabo de seis meses, estábamos intercambiando transacciones con dicho país sobre una base de uno a uno.

Existen casos, claro está, en que el comercio entre dos países es unilateral: uno importa, y el otro exporta. Por suerte, siempre existe la posibilidad, a pesar de todo, de obtener alguna reciprocidad. En efecto, las importaciones generan operaciones bancarias en ambas direcciones, según si son manejadas por intermedio de la apertura de créditos documentarios o por remesas de documentos en cobranza.

Con bancos que tienen sucursales o filiales en varios países, existe también la posibilidad (como para los grupos, en el caso de los clientes) de establecer un sistema de reciprocidad triangular. Se reciben operaciones de la casa matriz, por ejemplo, y se le envían operaciones a una de sus filiales en un tercer país.

Para un banco, es mucho más provechoso elegir los corresponsales a quienes enviará sus operaciones en un país determinado, que dejar que su cliente lo haga o se lo imponga. En muchos países, por suerte, por lo menos un cincuenta por ciento de la clientela deja a su banquero la libertad de elegir el corresponsal que más le plazca. Pero aun cuando este no es el caso o cuando el cliente solicita la utilización de un banco específico en el exterior, el banco no está necesariamente obligado a aceptar esta imposición. Mucho dependerá de hacia dónde se inclina la balanza de la reciprocidad entre el propio banco y su cliente. El banco puede estar en deuda bajo este aspecto y desear satisfacerlo, o puede tener una posición de fuerza frente al cliente e imponer su propia elección de corresponsal. De todos modos, la elección, más que al cliente mismo, interesa habitualmente a la contrapartida comercial en el extranjero, que puede ser cliente de ese banco corresponsal.

Un funcionario vino un día a explicarme que la contrapartida de uno de nuestros clientes deseaba que un crédito documentario le fuera confirmado por un banco específico en el extranjero. Revisando nuestras relaciones con el cliente, pude constatar que estas eran netamente favorables al banco. Le contesté a nuestro funcionario que en esta operación había tres partes interesadas: el cliente, nuestro banco y la contrapartida comercial del cliente. Por orden de prioridad, me importaba satisfacer, en este caso, primero, los intereses del banco; segundo, los del cliente; y solo en tercer lugar los de la contrapartida de nuestro cliente. Abrimos el crédito documentario por el banco que más nos convenía.

Al reclamar reciprocidad a ciertos bancos corresponsales, ellos aluden que, en su país, casi la totalidad de las operaciones son dirigidas por los clientes. Puede ser que así sea, pero creo que estos bancos podrían hacer valer sus derechos frente al cliente y, por ende, satisfacer a sus corresponsales (cuyo interés también debe ser considerado). Por costumbre y comodidad (y por la inercia que esta provoca), aceptan las exigencias de los clientes sin discusión alguna.

CAPÍTULO 11

LOS CORRESPONSALES

El establecimiento de buenas corresponsalías en los países con los cuales quiere intercambiar operaciones, es de primerísima importancia para todo banco que desea operar con el exterior.

Elección de corresponsales

No se trata simplemente de tener un corresponsal, sino de elegirlo bien. Los bancos no son todos iguales ya que los hay con mucha o poca experiencia, más o menos serios, con una participación interesante en su mercado o con una participación insignificante. Se puede saber mucho sobre un banco estudiando sus balances, las referencias que pueden suministrar otros bancos que trabajan con él, así como su dimensión e importancia. Pero más que nada, se lo puede juzgar por el conocimiento de los ejecutivos que lo dirigen: "dime quién dirige ese banco y te diré cuán bueno es".

Algunos bancos buscan funcionarios con ciertas cualidades y características que los hacen más asimilables a la cultura de la institución, estilo, política e imagen. Del mismo modo, muchos ejecutivos tratan instintivamente de incorporarse a instituciones donde creen posible adaptarse y sentirse cómodos, actuando dentro de sus características profesionales personales. Por consiguiente, es conveniente buscar corresponsales con los que compartamos conceptos básicos respecto de la línea de conducta que un banco debe seguir, una cierta estabilidad en la aplicación de su política y, sobre todo, interlocutores válidos que hablen el mismo idioma que uno.

Política estable

De la misma forma en que se debe apoyar a un cliente bueno y antiguo, no solo en los mejores momentos sino también en los difíciles (siempre y cuando su comportamiento sea correcto y sus dificultades puedan considerarse transitorias, y no debidas a una mala administración), un banco debe brindar un apoyo estable y no caprichoso a sus corresponsales del exterior. Hay bancos que, tradicionalmente, mantienen sus lazos de corresponsalía con los de otros países, a pesar de malas situaciones políticas o económicas que puedan estar atravesando. Pero también existen bancos oportunistas que, cuando la situación de un país es floreciente, vienen a ofrecer a sus corresponsales del exterior todo tipo de facilidades y, al primer síntoma de deterioro de la situación general, les cortan precipitadamente las líneas de crédito otorgadas. Conviene cuidarse de este tipo de corresponsales.

Al referirme a interlocutores que hablen el mismo idioma, lo hago en términos conceptuales. En efecto, diez ejecutivos, aunque hablen todos en inglés, pueden hablar idiomas distintos cuando tratan de negocios. Por el contrario, diez ejecutivos, aunque hablen distintas lenguas, pueden hablar un mismo idioma en términos de conceptos profesionales.

Contactos personales

Volvemos entonces a la necesidad del contacto personal, al cual, por el momento, no se le ha encontrado ningún sustituto adecuado. El contacto personal con los corresponsales puede mantenerse de tres maneras:

1) Recibiendo la visita de sus ejecutivos o representantes.
2) Visitándolos.
3) Encontrándose con ellos en "terreno neutral", como las conferencias y seminarios internacionales.

Cuando uno es visitado por un corresponsal, es lógico, conveniente y cortés dejarlo hablar primero. En efecto, él tomó la iniciativa de la visita y debe aclarar los motivos de la misma. Si se trata de un banco con el cual todavía no existen relaciones, será normal que empiece describiendo las principales características de su institución, aclarando luego lo que puede ofrecer y lo que espera obtener. Cuando efectúa una visita, lo que no debe hacer el representante de un banco corresponsal (o con intención de convertirse en tal) es:

1) Venir a solicitar sin ofrecer nada.
2) Decir: "solo vengo a hacerle una visita de cortesía" (la traducción de esto por parte del banquero no puede ser otra que: "solo vengo a hacerle perder el tiempo").
3) Pedir muchos datos e información sobre el banco visitado (se presume que el visitante del banco se ha informado sobre este antes del encuentro).
4) Convertir la visita en una invasión. Recuerdo el caso de un corresponsal que visitó un banco con una delegación de siete personas. La idea era explicar una reorganización interna y la función específica de

cada uno de los funcionarios presentes, quienes deberían convertirse en los interlocutores del banco visitado en sus áreas respectivas. Terminada la exposición, se les contestó amable pero firmemente que no era posible que la gerencia del banco recordara la organización interna de cada uno de sus corresponsales, ni los nombres y funciones de tantas personas. Por lo tanto, se les solicitaba nombrar un solo interlocutor (máximo dos), que fuera responsable de centralizar la relación, encargándose de distribuir internamente las operaciones o consultas correspondientes.

5) Prolongar la conversación más allá de lo necesario.

Al visitar bancos corresponsales, todo lo anterior es válido a la inversa: no haga al prójimo lo que no quiere que él le haga.

Cuando se mandan funcionarios a visitar corresponsales del exterior, se debe recordar que deben tener dos cualidades esenciales para tener éxito: 1) conocer bien su oficio (es decir, el producto que van a vender) y 2) tener facilidad para las relaciones públicas. Un funcionario simplemente agradable y simpático, pero que no sea hombre de negocios, será bien recibido, pero fracasará a la hora de la verdad. Por otra parte, un funcionario experimentado pero poco comunicativo, rudo o antipático, tampoco conseguirá lo que va a buscar. La combinación de ambas cualidades no siempre es fácil de encontrar en una misma persona.

Conferencias internacionales

Muchas veces se me ha preguntado si vale la pena asistir a las grandes conferencias internacionales o es una simple pérdida de tiempo. Las opiniones están divididas. Sin embargo, creo que todo depende del enfoque que uno le da a dicha asistencia y lo que espera obtener de ella.

Si uno va a las conferencias internacionales para escuchar discursos, posiblemente no valga la pena. Tampoco si se tiene la intención de hacer negocios. Los negocios no se hacen en las conferencias, pero sí se hacen con los banqueros que concurren a ellas. Si se tiene un plan demasiado rígido, asistir a las conferencias puede convertirse en algo sumamente frustrante. Como todo el mundo busca a todo el mundo, nadie encuentra a nadie. La actividad principal en tales conferencias consiste en asistir a reuniones sociales, principalmente cócteles. Por definición, el cóctel es una reunión en la cual dos personas se hablan, mirando por encima del hombro de su interlocutor para ver si la persona que está detrás de este es más importante. Como casi siempre es el caso, se separan en medio de una frase con apenas un vago murmullo de disculpa y vuelven a empezar con la próxima víctima. Y así, sucesivamente, durante horas.

Sin embargo, si uno llega a la reunión con la idea de que va a encontrarse con muchos banqueros importantes, y podrá establecer allí relaciones interesantes aunque no sea con las personas originalmente previstas (o buscadas), no hay duda de que lo hará y que algún día estos contactos le serán útiles. Pero hay que ir con filosofía, sin esperar de la conferencia más de lo que esta puede dar, ni tampoco obtener resultados visibles inmediatamente.

Relación global

Tanto con los corresponsales como con los clientes, lo más interesante será construir una relación global en la que ambos bancos puedan utilizar los diversos servicios del otro. En cierto país un gran banco norteamericano trabajaba muy activamente con varios corresponsales locales hasta que, un día, abrió una sucursal en el país. Inmediatamente cerró su oficina de representación (encargada de las relaciones con los bancos locales), canceló las líneas de crédito otorgadas a sus corresponsales y les elevó las comisiones, colocándolos así en posición de desigualdad frente a la nueva sucursal. Evidentemente, las relaciones se enfriaron. En aquellos tiempos, los grandes bancos solían emitir cheques de viajeros y estaban muy interesados en promocionar su venta a nivel internacional a través de sus corresponsales en diversos países.

Así fue que un día, un representante de la entidad norteamericana se presentó ante el gerente de uno de los bancos del país. Venía a ofrecerle el servicio de cheques de viajero. El gerente del banco local le respondió que era lamentable constatar que entre dos bancos importantes cada uno en su mercado correspondiente, el único tema a tratar fuera el de cheques de viajero. Aseguró a su visitante que el día que le pidiera una entrevista para conversar de todas las posibilidades de negocios entre ellos, como apertura de cartas de crédito, remesas de cobranzas, operaciones de cambio, emisión de fianzas, concesión de líneas de crédito, etc., también conversaría gustoso sobre cheques de viajero, pero que este tema, en forma aislada, no le interesaba para nada.

Otro caso fue el de un cable enviado por la sucursal de un banco japonés en Inglaterra a una institución latinoamericana, preguntándole si estaría interesada en recibir depósitos en eurodólares. El banco latinoamericano contestó: "Si estos depósitos en eurodivisas se encuadran dentro del establecimiento de una relación global entre nuestras instituciones, que incluya un intercambio de operaciones bancarias internacionales, como la apertura de créditos documentarios, remesas de documentos al cobro y órdenes de pago, con vuestra casa matriz en Japón y sus demás sucursales del exterior, también podríamos estar interesados en depósitos de eurodólares".

El problema era, otra vez, elegir corresponsales estables, con un interés a largo plazo en la relación a iniciarse, y no efectuar algunas operaciones aisladas producidas de manera circunstancial y que probablemente no se repetirían.

Dificultades en el establecimiento y mantenimiento de relaciones de corresponsalía

Hubo una época en que los bancos de América Latina no se tenían confianza por la simple razón de que no se conocían. Los intercambios comerciales dentro de la región eran tan limitados que las relaciones de corresponsalía apenas se justificaban. Por otra parte, gracias a la creación de los convenios de crédito recíproco entre los bancos centrales del área, aun al aumentar sensiblemente el comercio entre sus países no era indispensable que los bancos se conocieran bien, ya que la mayoría de las operaciones entre ellos estaban garantizadas por sus autoridades nacionales.

Pese a ello, la creación de esos convenios facilitó el conocimiento recíproco entre los bancos de América Latina. Esto permitió que cuando, más adelante, disminuyó radicalmente la utilización de los convenios, los bancos latinoamericanos siguieran operando unos con otros. Sin embargo, pronto renació la desconfianza hacia las entidades de países que no habían establecido suficientes controles para luchar contra el lavado de dinero. Lamentablemente, esa nueva desconfianza se extendió hacia todos los bancos latinoamericanos, tanto buenos como malos.

Muchos bancos de países desarrollados cortaron sus relaciones de corresponsalía con instituciones de mercados emergentes, para evitarse la ardua y onerosa tarea de obtener suficiente información sobre las medidas tomadas por dichos bancos en la lucha contra el lavado de dinero y la forma en que las aplicaban. Lejos está el tiempo en que los bancos centrales de muchos países latinoamericanos garantizaban las operaciones comerciales realizadas por los bancos de su país en el cuadro de los Convenios de Crédito Recíproco, demostrando confianza en sus sistemas bancarios así como una correcta comprensión de su propia responsabilidad hacia los mismos.

Hoy, por el contrario, son los bancos de cada sistema los que deben hacerse garantes, ante sus supervisores, de la bondad de sus corresponsales en otros países, omitiendo que los mismos deben ser supervisados por sus propias autoridades nacionales. Entramos en un mundo al revés.

CAPÍTULO 12

LA INTERMEDIACIÓN

Las actividades del banquero se dividen, por lo general, en tres categorías principales: la de resguardo, la crediticia y la de servicios de intermediación.

En realidad esta es una clasificación algo artificial, porque la actividad crediticia del banco también es (y quizás más que cualquier otra) de intermediación. El banquero es, y siempre ha sido, esencialmente un intermediario. A veces esa condición le granjea antipatías porque hay quien confunde al intermediario con el parásito, olvidando que si no fuera por los intermediarios, viviríamos todavía en la época del trueque.

Al fin y al cabo, los abogados son intermediarios, ¡y los apóstoles también lo eran! Robin Hood era un intermediario.

Se dice que el banquero solo le presta al que ya tiene. Aquí también existe un concepto equivocado: el banquero no le presta al que tiene simplemente porque tiene o porque esto significa un riesgo menor. El riesgo de prestarle cien mil dólares o su equivalente en otra moneda al que no tiene nada o al que ya tiene un millón de dólares es el mismo: el banquero puede perder cien mil dólares. El millón de dólares que el cliente tiene cuando pide cien mil más al banquero, no servirán para respaldar el préstamo, porque, si así fuera, el banquero no incurriría en ningún riesgo, pero ¡el cliente tampoco necesitaría el préstamo!

Las razones por las que el banquero le prestará preferentemente a quien ya tiene un millón son:

1) El hecho de que tener un millón de dólares, siempre y cuando haya sido obtenido honestamente, suele demostrar: esfuerzo, trabajo e ingenio.
El dinero es un sistema de medición. Las grandes disputas ideológicas de nuestro tiempo no son para saber si el dinero debe ser abolido o no, si es útil o no, sino solamente para determinar cómo debe ser distribuido.
2) Si parte del millón de dólares está invertido en el mismo proyecto al que el préstamo está destinado, debe tenerse en cuenta que es sano, en cualquier negocio, que el cliente asuma parte del riesgo con capital propio, demostrando así que tiene confianza en su iniciativa y está dispuesto a arriesgar tanto su dinero como el ajeno.

A pesar de que el crédito es evidentemente una "intermediación", cuando el banquero utiliza el término, se refiere más bien a transacciones como el crédito documentario, las operaciones de cambio, las cobranzas, el fideicomiso, la emisión de garantías y fianzas, etc.

Tipos de intermediación

Además conviene precisar que las operaciones de intermediación pueden ser "puras" o "mixtas". Es decir, cuando la intervención del banquero es un servicio de intermediación que no le hace asumir ningún riesgo crediticio, se trata de una intermediación pura. Este es el caso de la cobranza, por ejemplo. Pero cuando su intervención representa a la vez servicio y crédito (aunque este no sea por caja, sino por firma), se tratará de intermediación mixta. Por ejemplo, en casos como el crédito documentario, la fianza, etc. En otras palabras, toda operación en la cual el banco asume parcial o totalmente los compromisos del ordenante hacia terceros es una operación crediticia. Si el ordenante no cumple, el banco deberá hacerlo en su lugar.

En la intermediación pura el banco actúa por cuenta o por mandato del ordenante, pero no asume la responsabilidad de este frente al beneficiario.

Confirmar un crédito documentario es una operación crediticia, notificarlo solamente, no lo es.

Riesgos de intermediación

Sin embargo, no hay que creer que las operaciones de intermediación pura no comportan riesgos. Simplemente, estos no son de carácter crediticio.

A menudo se subestiman los riesgos de las transacciones de intermediación. Al aceptar un mandato, así sea este pagar una suma a un beneficiario bajo ciertas condiciones o entregarle documentos de acuerdo con el cumplimiento de ciertos requisitos, el banco asume una importante y, a veces, peligrosa responsabilidad. Cualquier error en la ejecución de la orden recibida puede costarle muy caro. Por ende, los bancos deben tomar casi las mismas precauciones al manejar transacciones de intermediación y operaciones de crédito. Las principales son:

1) Conocer las partes intervinientes, es decir, tanto al ordenante como al beneficiario, y que ambos merezcan su confianza.
2) Verificar que la operación esté claramente planteada y que el servicio solicitado no va más allá de las prácticas bancarias normales.

En la intermediación, el banquero enfrenta dos enemigos: la eventual mala fe de las partes y la posibilidad del error propio.

Cuanto menos conocidas (o mal conocidas) sean las partes, cuanto menos clara o más compleja sea la operación, mayor será el riesgo.

Una vez se me consultó sobre una operación de crédito documentario "*back to back*". Esta es una operación interesante, pero de manejo delicado. No debería ser considerada más que por especialistas que la conozcan bien. En el caso que me ocupa, la transacción era técnicamente aceptable. Sin embargo, el cliente era nuevo (es decir, poco conocido para el banco) y su balance nunca habría justificado abrir un crédito documentario por el monto solicitado si no hubiera existido la garantía del crédito "*back to back*" recibido a su favor. Así, la operación crediticia estaba totalmente basada sobre la garantía del crédito documentario recibido. Tal garantía era perfectamente válida, a condición de que no se cometiese ningún error en el manejo de la operación. A mi juicio, la posibilidad de que servicios no especializados cometieran tal error era muy grande y el cliente por sí solo no valía el riesgo.

Como ya dije, una garantía debe ser accesoria. En este caso, ella era el elemento principal, o el único, así que rechacé la operación. Con un cliente mejor conocido, la hubiese efectuado. Pero habiendo tantas posibilidades para hacer negocios sanos, ¿por qué habría que dedicarse a los dudosos?

Lamentablemente, los problemas no siempre pueden evitarse, y vienen a nuestro encuentro. Pero sería absurdo ir a buscarlos.

Importancia de la intermediación

La actividad de intermediación de los bancos ha ido creciendo continuamente, volviéndose cada día más importante para su desarrollo.

Para esto existen varias razones:

1) En muchos países se produjo una disminución gradual de los márgenes entre intereses activos y pasivos. Esto puede ocurrir por factores puramente competitivos o por la intervención del Estado en la regulación y/o fijación de las tasas de intereses bancarios.

   Hace mucho que el banquero, ya sea *motu proprio* o por imposición, ha dejado de ser usurero. La disminución de sus utilidades por concepto de intereses lo ha obligado así a buscar otras fuentes de ingresos.

2) El incremento constante de los costos operativos también ha empujado a las entidades bancarias en esa dirección.

3) Frente a una actividad crediticia estrechamente encuadrada en una maraña de regulaciones e imposiciones, y, por consiguiente, limitada en sus posibilidades de diversificación, las operaciones de intermediación ofrecen mayores posibilidades al banquero para usar sus facultades imaginativas y su ingenio. Aquí existe un campo legítimamente competitivo, no solo con respecto a las tasas aplicadas, sino también a la diversidad de servicios y soluciones ofrecidos a la clientela.

4) En el mundo moderno, el desarrollo de los negocios ha modificado sustancialmente las necesidades de la clientela en materia de intermediación bancaria, tanto a nivel nacional como internacional. Los bancos están sometidos a la presión constante de una clientela cada vez mayor y más exigente.

5) El volumen en permanente aumento de las operaciones comerciales y financieras a nivel internacional, y la dimensión cada vez mayor de las mismas, ha obligado a crear nuevos instrumentos y técnicas para manejarlas con eficacia.

EL BANCO Y LA EXPANSIÓN

Por más que se quieran inventar otros objetivos, para un banco privado –como para cualquier otra empresa– la meta principal es producir utilidades. Por consiguiente, la expansión no es un fin en sí misma, sino tan solo un medio para mejorar los resultados de una institución.

No pasar el punto de equilibrio

El sano entusiasmo, la ambición (a veces menos justificable), el prestigio y, por qué no, el poder que otorga dirigir un banco grande, hacen olvidar fácilmente este concepto. Toda empresa tiene una dimensión ideal hacia la cual tiene que dirigirse con decisión y esfuerzo continuado, pero no debe pasar de allí.

Mientras los resultados acompañan el crecimiento, es probable que se esté bien encaminado; pero cuando empiezan a estancarse o decaer, incluso si parecen hacerlo por razones que no tienen relación con el crecimiento, se deberá hacer una pausa para el análisis.

Puede tratarse de una lucecita de alarma, el punto de equilibrio quizás se haya alcanzado. El banco puede haber crecido mucho, o, tal vez, lo hizo demasiado rápido.

La competencia

Un factor que también influye de manera excesiva en el deseo de expansión es la competencia. No hay que dejarse ganar de mano. Donde están nuestros competidores debemos estar nosotros. Los servicios que ofrecen ellos, debemos ofrecerlos nosotros.

El peligro de estas aseveraciones está en que además son justas. Son verdades hasta que dejan de serlo.

Algunos grandes bancos internacionales más de una vez se lanzaron a operaciones gigantescas, en riesgos mal, poco o nada estudiados, por la simple razón de que la competencia les estaba pisando los talones o, peor, los había precedido. ¡No está de más recordar que la competencia también se equivoca a veces!

Pensando a largo plazo

Una razón que se invoca muchas veces en defensa de la expansión cuando las utilidades están en disminución, es que se está pensando en las utilidades del mañana. Es cierto que un buen banquero debe pensar a largo plazo, porque los banqueros pasan, y los bancos quedan. Sin embargo, no todos los accionistas estarán de acuerdo con que el banco trabaje pensando solo en producir dividendos para sus herederos.

Es verdad que cierto tipo de inversiones darán sus frutos solamente en años venideros, pero hay que seleccionarlas con sumo cuidado para evitar que, por pensar demasiado en el futuro, nunca se llegue a él.

Peligros del crecimiento

Crecer demasiado rápido presenta varios peligros. El más frecuente es administrativo. Rara vez la organización del banco logra progresar y transformarse a la misma velocidad con que se produce su expansión. Esto causa un sinnúmero de problemas ya que aumentan los riesgos por falta de control y se producen atrasos en las operaciones.

Por la naturaleza de su actividad y la materia prima que manejan, los bancos son entidades que quizás necesitan ser más serias, conservadoras y cautelosas que otras.

Algunas entidades pueden progresar más rápido que otras por habilidad y dedicación al trabajo de sus dirigentes, pero su avance será siempre gradual y relativamente lento.

Cuando un banco crece demasiado rápido es prudente por lo menos analizar por qué.

Altas tasas de interés

La manera más fácil de crecer rápidamente es, sin duda, pagando más sobre los depósitos, ya sea en forma directa o indirecta, según si las reglamentaciones lo permiten o no.

Pero siempre existe el otro lado de la moneda: si un banco paga más, forzosamente tiene que cobrar más. Si cobra más, es probable que su clientela no sea la más selecta, o sus operaciones presenten riesgos elevados. Mientras perduren épocas de bonanza, esto podrá no ser notorio de inmediato, pero apenas se presente una crisis de liquidez o una recesión, ese será el primer banco afectado.

Así como un banco debe conocer a sus clientes y tiene derecho a elegirlos, estos necesitan conocer a su banco (o sus bancos). Los clientes deben entender que, en finanzas, no existen los milagros y que, si un banco les paga intereses superiores a los de sus competidores, es por alguna razón que rara vez es buena.

Hace algunos años un cliente se presentó en el mostrador de un banco sudamericano y preguntó qué tasa de interés podían pagarle sobre un depósito en dólares a tres meses. Se le respondió que el 4% (lo que, en ese entonces, era lo normal en el mercado). El cliente se rió en la cara de su interlocutor, y le dijo que el banco de al lado le pagaba 7%. Colocó sus fondos en ese otro banco, pero, curiosamente, un mes más tarde, este quebró.

A veces los corresponsales extranjeros llaman a un banco para pedir informes sobre otro, porque este último está pagando intereses más altos.

Quisieran que uno les contestase de manera tranquilizadora, para poder sucumbir a la tentación de esas tasas inusuales con la conciencia tranquila. Pero la pregunta sobra, y la respuesta –por tratarse de un banco colega– en el mejor de los casos solo puede ser evasiva.

Si un banco paga intereses más altos que los del mercado, por algo es.

Avales

A veces también ocurre que un banco ofrece su aval sobre un gran número de operaciones. Hay letras y pagarés que llevan su firma circulando dentro y fuera del país.

Esto tampoco es un buen síntoma: si un banco está dispuesto a asumir el riesgo "cliente", preferirá por lo general financiarlo directamente en vez de ofrecerle su aval para que busque la financiación en otro banco; a menos que esté totalmente ilíquido y no tenga más líneas de crédito a las que pueda recurrir.

Tipos de expansión

Existen varias formas de expansión, y distintas maneras de llevarlas a cabo.

Las más clásicas son la expansión geográfica y la de servicios. Ambas conllevan un casi inevitable incremento de personal y de gastos operativos, y, por lo tanto, deben estudiarse muy bien.

La apertura de nuevas agencias o sucursales, ya sea en el país o en el exterior, puede ser muy importante y justificada, pero tendrá que analizarse cuidadosamente desde el punto de vista económico. La ubicación de la agencia, el tipo de clientela, la competencia, las posibilidades de desarrollo de la zona y otros factores deben ser tenidos en cuenta.

Pero también deben considerarse las posibilidades de la institución. En efecto, pueden existir proyectos válidos y bien estudiados sobre cuya conveniencia no existan dudas, pero el banco puede no estar en condiciones para llevarlos a cabo. No se pueden quemar etapas, ya que esto puede conducir al desastre.

La diversificación de los servicios también es importante. Pero hay que estar seguro de que los nuevos servicios son realmente necesarios y traerán beneficios concretos al banco. En los bancos, como en los grupos industriales, existen posibilidades de desarrollo horizontal o vertical. Por ende, convendrá que los nuevos productos ofrecidos estén, de alguna forma, vinculados entre sí y sean aquellos que un banquero –dentro de su formación y aptitudes– pueda manejar.

Recuerdo una propuesta de un nuevo servicio expuesta en la reunión de la junta directiva de un banco y que, aparentemente, tenía grandes posibilidades de éxito. De pronto, se encontró con la testaruda oposición de un banquero de larga experiencia. Por todo argumento se limitó a exclamar: "¡Yo siempre digo: 'zapatero, a tus zapatos!'". Su posición se consideró anticuada, poco realista, caprichosa y demasiado conservadora. Pero tenía razón: el nuevo servicio fracasó.

No vender cigarrillos

Hay un cuento que ilustra este tema: delante de un banco importante, un pequeño y ambicioso comerciante estableció un quiosco de venta de cigarrillos. Llegó un amigo y le preguntó cómo le iba en su negocio. El dueño exclamó: "¡Maravillosamente!". En vista de esto, el amigo aprovechó para pedirle prestada una módica suma de dinero. "¡Imposible!" –exclamó nuestro hombre. "¡Lo haría con gusto, pero no puedo!" Extrañado y decepcionado por ello, el amigo le preguntó la razón de su negativa. El comerciante contestó: "Es que tengo un acuerdo con el banco. Ellos se comprometieron a no vender cigarrillos, y yo, a no dar préstamos".

Es cierto que en algunos casos, la necesidad de abrir más dependencias o de ofrecer nuevos servicios no puede medirse exclusivamente en términos de utilidades palpables. Los beneficios indirectos pueden ser importantes y difíciles de medir o pueden invocarse razones de imagen. En estos casos, es aconsejable un prudente y limitado escepticismo. Lamentablemente, los conceptos de beneficio indirecto y de imagen han sido mencionados demasiadas veces tan solo para disimular o disculpar un fracaso.

Expansión en operaciones

También puede existir expansión dentro de cierta distribución geográfica o de servicios, e incluso de clientela ya existente. Esta última consiste en obtener una mayor utilización por parte de la clientela de las facilidades que el banco pone a su disposición empleando, para ello, todos los recursos de marketing posibles. En otras palabras, se trata de una expansión de operaciones. Muchas veces estas facilidades no están siendo aprovechadas al máximo y el banco no saca el mejor provecho posible de su costosa organización. Lo interesante de esta expansión es que su logro resulta a veces más fácil, es menos riesgosa y cuesta menos que las otras.

Ya vimos que toda expansión geográfica o de servicios necesita un sensible incremento de personal. La expansión de operaciones también lo impone, pero en proporción a los resultados obtenidos, será muchísimo menor.

Departamento de desarrollo

Un banco pequeño o en vías de desarrollo utilizará métodos caseros, improvisados y algo desordenados durante su crecimiento (lo cual no significa que estos sean menos efectivos). Cuando se haya tornado más importante, el banco necesitará organizar y sistematizar sus esfuerzos, y, para ello, creará un departamento de desarrollo, que será el encargado de buscar los medios más efectivos para la expansión del banco. Lamentablemente, este tipo de departamento, para justificar su existencia, casi siempre se limita a estudiar únicamente las nuevas posibilidades y desdeña analizar lo ya existente. Su función no debería ser solo aconsejar el establecimiento sobre nuevas dependencias y la creación de nuevos servicios, sino también proponer la eliminación de dependencias improductivas o de servicios no rentables.

En algunas instancias el desarrollo puede ser sinónimo de expansión, pero también tendría que equivaler a cambio, evolución, adaptación a nuevas circunstancias y a un contexto en continua transformación.

Desarrollarse dentro de lo ya existente, hacerlo sin expandirse, llegaría a ser así, en algún momento, más rentable aunque fuese menos espectacular, menos perceptible y, por ello, menos apreciado.

Con frecuencia se olvida que la expansión no acompañada por un incremento de utilidades es un globo lleno de aire, polvo tirado a los ojos de los espectadores.

Independientemente de algunas razones individuales, puede haber situaciones de carácter general que aconsejen frenar o demorar la expansión.

El problema de los recursos humanos

La escasez de personal calificado puede ser uno de los motivos por lo que es aconsejable detener o aplazar la expansión. Es inútil o imposible abrir una agencia si no se dispone del personal necesario para atenderla adecuadamente.

En un país latinoamericano existieron, durante muchos años, grandes restricciones para el desarrollo y la apertura de nuevos bancos. En cierto momento, se produjo una total liberación y, al amparo de esta nueva situación, nacieron muchas entidades. Pasaron algunos años y, de repente, se multiplicaron las quiebras y las intervenciones en instituciones bancarias. ¿Qué había sucedido? Existen muchas explicaciones posibles, pero la más plausible es que el país se había encontrado de pronto con "más bancos que banqueros".

Servicios diversos

Los bancos han ido diversificando sus servicios en su afán de modernización y para enfrentar la competencia creciente. Algunos responden a necesidades reales de nuestra era y son sumamente exitosos, como sucedió con el uso de las tarjetas de crédito (y de los cheques de viajero, en su momento) que se desarrolló de manera explosiva.

Tarjetas de crédito

Sin embargo, cualquier banco no puede poseer su propia tarjeta de crédito. La organización exigida para la creación de este instrumento supera, por mucho, las posibilidades de bancos chicos o medianos, los cuales tienen que contentarse con el manejo de tarjetas emitidas por otras instituciones. Además, si bien la emisión de tarjetas de crédito es un negocio que puede producir ganancias importantes, siempre y cuando sea manejado con prudencia, es también un negocio de alto riesgo y, en consecuencia, puede ser la fuente de importantes pérdidas.

De la misma forma que los créditos hipotecarios "creativos" (los *subprime mortgage loans*) provocaron la burbuja del mercado inmobiliario en los Estados Unidos, la concesión masiva e indiscriminada de tarjetas de crédito creó un endeudamiento excesivo del público consumidor que, en una economía en recesión, puede llegar a ser catastrófico.

Bancos móviles

En un país agrario, un banco latinoamericano pensó que sería útil crear agencias rodantes que pudiesen ir de pueblo en pueblo a aquellos lugares donde no se justificaba el establecimiento de una agencia permanente. Compraron unos preciosos autobuses que hicieron blindar y equipar apropiadamente. Sin embargo, la flotilla de agencias rodantes nunca tuvo éxito y sus arcas se mantenían casi tan vacías a la vuelta como a la ida. ¿Razones? Seguramente psicológicas. Para empezar, la gente se sintió ofendida por no merecer el establecimiento de una agencia permanente y tener que compartir un autobús con el pueblo de al lado, con el cual mantenían rivalidades tradicionales. Por otra parte, ver su dinero desaparecer en el horizonte les resultó a la vez frustrante e inquietante. Eran gente acostumbrada a la seguridad y estabilidad del colchón casero. Un billete bajo el colchón vale más que dos rodando. ¿No dice así el refrán?

Como todo producto, un nuevo servicio bancario puede ser un éxito o un fracaso total por un sinnúmero de razones. Incluso un servicio que fue bien recibido en una localidad, puede ser rechazado en otra. Como la puesta en marcha de un nuevo servicio siempre resulta costosa, bien vale la pena efectuar un minucioso estudio de mercado antes de inaugurarlo. Toda iniciativa tendiente a acelerar trámites, ya sea el cajero automático o el banco para automóviles, tendrán aceptación en medios urbanos donde el cliente vive apurado. Pero los mismos servicios podrían fracasar en ambientes pueblerinos o rurales, donde todavía se aprecia el contacto personal, la charla amena y la tacita de café.

Cheques garantizados

El cheque "garantizado" puede tener poco interés en países donde la emisión de cheques sin fondos es severamente penada por la ley y donde, por lo tanto, los cheques personales corrientes se aceptan habitualmente. Por el contrario, dichos cheques "garantizados" pueden ser muy bien recibidos en países donde el comercio está cansado de recibir cheques sin provisión.

Cheques para zurdos

Un banco en Francia quiso copiar una iniciativa estadounidense y emitió cheques para zurdos. Lamentablemente, los costosos formularios quedaron amontonados en el tesoro, sin que se pudiesen utilizar. El banco había basado su iniciativa en un estudio de "otro mercado". En efecto, a raíz de teorías pediátricas que estuvieron de moda durante bastante tiempo en los Estados Unidos, se hizo costumbre no contrariar (ni en la casa, ni en las escuelas) la tendencia natural de algunos niños de escribir con la mano izquierda. Por este motivo, un alto porcentaje de adultos escriben con la mano izquierda en ese país. Si bien en Francia debe haber tantos zurdos como en los Estados Unidos, casi todos escriben con la mano derecha, porque desde niños se les obligó a ello. El cheque para zurdos tenía que fracasar, por falta de usuarios.

"El cheque para zurdos tenía que fracasar, por falta de usuarios."

CAPÍTULO 14

EL BANCO Y LA GLOBALIZACIÓN

Desafortunadamente la expansión de un banco no es siempre voluntaria, sino que circunstancias sobre las cuales el banquero no tiene control pueden obligarle a hacer crecer su empresa para evitar que sucumba. En algunos países de América Latina se produjeron sucesivamente dos situaciones nuevas que obligaron a los bancos a cambiar de dimensión: primero, la estabilización (por lo menos, temporaria) de sus economías, y segundo, la globalización en el ámbito financiero.

Efectos de la estabilización sobre los bancos

En los países que padecen una gran inestabilidad económica o política, procesos inflacionarios y frecuentes devaluaciones, los bancos enfrentan muchos problemas pero, generalmente, logran adaptarse a ellos y aprovechar las oportunidades que, a pesar de todo, les ofrecen tales situaciones. "A río revuelto, ganancia de pescadores." Pero, cuando llega un período de estabilidad, las instituciones enfrentan dificultades que son ocasionadas por la inevitable reducción de los márgenes entre intereses activos y pasivos, de las comisiones cobradas y de los beneficios de cambio.

La estabilidad tiene ventajas y desventajas. Los clientes importantes, consumidores de productos bancarios, suelen aprovecharla para exigir una reducción en los costos de sus operaciones con los bancos. Las grandes instituciones financieras generalmente logran compensar de manera parcial la disminución de sus márgenes de beneficio incrementando el volumen de sus operaciones y haciendo economías de escala. Al banco pequeño no le es tan fácil recurrir a esta solución porque su exiguo capital no le permite incrementar tanto sus operaciones de crédito, ni las demás transacciones que realiza. Solo puede paliar esta situación aumentando su capital, si los accionistas existentes están dispuestos y tienen capacidad para hacerlo, pero, de lo contrario, el banco debe buscar nuevos accionistas o realizar una fusión con otra institución financiera. Si el banco chico no logra crecer le costará competir con las entidades grandes y probablemente acabará quebrando y desapareciendo. Ahora bien, la palabra "fusión" es un eufemismo inventado para reemplazar la palabra "venta", ya que el banco más poderoso siempre termina comiéndose al banco débil que, aun sin quebrar, termina por desaparecer.

Efecto de la globalización sobre los bancos

La estabilización económica de un país exacerba la competencia dentro de su sistema bancario, perjudicando a la banca pequeña. A su vez, la globalización internacional de las finanzas convierte a los grandes bancos nacionales en instituciones que son pequeñas a nivel mundial.

La globalización, para bien o para mal, está con nosotros para quedarse. Esto se debe a que lo que ha impulsado este fenómeno, más que las políticas económicas liberales y el libre comercio, es el extraordinario progreso tecnológico en las comunicaciones.

Es cierto que la tendencia hacia el libre comercio y la formación de mercados comunes también favoreció la internacionalización de la banca.

Para una institución que quiera desarrollarse internacionalmente, la apertura de sucursales en el exterior constituirá probablemente la fórmula más rápida, segura y económica de lograr su objetivo. Sin embargo, la voracidad de las instituciones bancarias de los países ricos y la necesidad de capitales frescos de los bancos de países en vías de desarrollo, hicieron que los primeros prefieran adquirir bancos ya existentes. Con estas compras, logran penetrar de inmediato y sin mayor esfuerzo (excepto de capital) en los nuevos mercados.

En principio, entre los bancos nacionales y los bancos inversionistas del exterior existen puntos de vista diferentes respecto del ingreso del capital. Los primeros suelen desear un aporte de capital importante pero minoritario. Es decir, tratan de mantener el control de sus instituciones. Los segundos, como es lógico, en vista de la envergadura del aporte de capital que tienen que hacer, desean convertirse en accionistas mayoritarios, o sea, ser los nuevos dueños del banco nacional. Si bien algunos bancos extranjeros aceptan hacer un aporte que los convierte tan solo en accionistas minoritarios, lo hacen con la convicción de que el banco nacional pronto tendrá nuevas necesidades de capital (que los accionistas locales no estarán en condiciones de aportar), lo que les permitirá, más adelante, hacer un nuevo aporte y convertirse en socios mayoritarios.

Estas "pseudo fusiones" de bancos extranjeros con bancos nacionales, en los países en vías de desarrollo, de hecho, constituyen una gradual extranjerización del sistema bancario. Este fenómeno tiene efectos positivos y negativos.

Entre los efectos positivos pueden señalarse:

1) Importantes e indispensables inyecciones de capital en el sistema financiero nacional.
2) La banca local obtiene una dimensión que, dentro del proceso de globalización, le permite competir con la banca internacional.
3) Se efectúa un enorme aporte de nuevas tecnologías y diversificación de productos, que la banca nacional necesita.
4) Da mayor tranquilidad a las autoridades de supervisión en cuanto a la aplicación de reglas ortodoxas de gestión y capacidad de capitalización cuando esta vuelva a ser necesaria.
5) Le da tranquilidad a la clientela respecto de la seguridad de sus depósitos.

En lo que atañe a los efectos negativos de las fusiones se pueden citar:

1) Las típicas dificultades administrativas implícitas en todas las fusiones, sean de carácter nacional o internacional.
2) Por lo menos al principio, habrá un peor servicio al cliente, causado por la reorganización administrativa y la probable adaptación a nuevos sistemas y programas de computación.
3) Frecuentemente, se perderá la atención personal que se brinda al cliente, hecho que es común en los bancos que han crecido demasiado rápido.
4) Se producirán conflictos entre funcionarios de las dos entidades bancarias fusionadas por la difícil adaptación del personal del banco comprado a la nueva cultura introducida por el ente comprador.
5) Se producirán despidos, a veces masivos, de personal, lo que resultará particularmente penoso en los períodos de recesión y desempleo.

6) Habrá reacciones negativas, de tendencia naciona-
lista, a nivel social y político.

La globalización y los funcionarios bancarios

No cabe duda de que las posibilidades de fusión, incre-
mentadas por la globalización, producen en los funcionarios bancarios un constante temor y la sensación de tener
la espada de Damocles permanentemente encima de sus
cabezas. Cualquier banco puede cambiar de dueño en cualquier momento.

En un banco fusionado, inevitablemente, habrá dos ejecutivos para llenar un mismo puesto de trabajo. Aun si el
funcionario de la entidad comprada está mejor calificado,
es probable que el banco comprador, por razones de mejor
conocimiento y confianza, imponga a su hombre o mujer
para ocupar el puesto.

Y esto no sucederá únicamente para los puestos de
segundo o tercer orden, sino también (y quizás principalmente) para posiciones de alta gerencia y, a veces, para el
puesto de gerente general.

Por otra parte, aun los funcionarios del banco comprado que conserven sus puestos, tendrán mayores dificultades en identificarse con el nuevo banco y trabajar para la
institución con entusiasmo. Ellos pueden seguir siendo funcionarios concienzudos y de gran rigor profesional, pero
les costará mucho adquirir el espíritu de equipo y "poner-
se la camiseta" del nuevo banco.

La globalización y los empleados bancarios

Los empleados saben que la globalización provoca la fusión,
y que esta, a su vez, trae como consecuencia irremediable

el despido de muchos de ellos. Por más que se emitan comunicados que expresan lo contrario, el recorte de personal es inevitable, ya que una parte importante del propósito de la fusión es el deseo de lograr economías de escala. La situación es parecida a cuando un ministro de Economía asegura que nunca devaluará la moneda nacional pero de sus declaraciones uno deduce que esa medida es inminente.

Porque la primera tanda de despidos rara vez es la última (y para peor la fusión tampoco lo es), el empleado bancario ya nunca pierde la sensación de angustia que le causa la precariedad de su empleo. Y comienzan a correr los rumores de que todo el departamento X va a ser eliminado, que otro banco va a comprar la nueva institución, etcétera.

La globalización y el cliente

Los bancos, como muchas otras empresas, han proclamado su adhesión al concepto de la "calidad total" y han prometido dar una prioridad absoluta a la atención y satisfacción del cliente. Sin embargo, en la práctica, la clientela, que ya se desengañó de las supuestas ventajas que le iban a proporcionar los progresos tecnológicos en el campo de la informática y la automatización, es la que más sufre las consecuencias de la globalización y de las fusiones de bancos.

Muchos clientes han visto sus depósitos pasar de banco en banco, sin que nadie les consultara al respecto. Otros se han convertido en deudores de instituciones financieras que nunca habían oído nombrar, donde no conocen a nadie, y en las cuales no saben a quién dirigirse.

Los ahorristas reciben estados de cuentas emitidos por una computadora cuya diagramación los deja perplejos y cuyos únicos datos comprensibles y uniformes son la reducción de la tasa de interés abonada por el banco y el incremento de las comisiones cobradas por diversos conceptos.

Cuando estos ahorristas ilusos llaman al banco para solicitar explicaciones, solo logran hablar con contestadores automáticos que les ofrecen todas las opciones imaginables, salvo la que necesitan. Estas máquinas tienen la particularidad de reproducirse a una velocidad sorprendente y terminan formando una barrera infranqueable entre el cliente y el personal del banco que, a duras penas, sobrevivió a la fusión y, desilusionado y preocupado por su futuro inmediato, desea mantener el menor contacto posible con el resto de la humanidad.

LAS UTILIDADES

Pocos banqueros negarán que su función principal es producir utilidades.

En un seminario reciente, un colega definió las utilidades como el "certificado de calidad" de los bancos. Afirmaba que los buenos resultados reflejan la solidez y eficiencia de las instituciones bancarias y que estas son las cualidades que la clientela exige. ¡Ojalá fuera tan simple!

Es cierto que el depositante se sentirá más seguro si los beneficios del banco en que tiene sus ahorros son buenos. Pero su confianza no necesariamente se incrementará en relación directa al aumento de dichas utilidades. Al depositante le bastará con que el resultado del banco sea normal, sin importarle mucho si el mismo es satisfactorio, muy bueno o extraordinario.

Cuando se habla de utilidad se piensa simplemente en el resultado de la suma de los débitos y créditos en la cuenta de ganancias y pérdidas. Cuando se habla del pájaro, se piensa en un simpático animal alado. Sin embargo, hay un sinnúmero de pájaros, desde el minúsculo picaflor hasta el águila majestuosa. Contrariamente a la primera impresión, también hay muchas variedades de utilidades: las reales y las falsas, las visibles y las invisibles, las inmediatas y las futuras, las pobres y las excelentes.

Diversidad de enfoques

Cuando se publica el balance del banco, algunos estudian detalladamente los rubros del activo y del pasivo, otros solo miran con atención los ítems que son de su interés específico, otros apenas le echan una ojeada. Pero todos se fijan en el beneficio neto. Los accionistas, con satisfacción o desilusión; el fisco y el sindicato del personal, con gula; las autoridades que rigen la actividad bancaria, con benevolencia o severidad; la competencia, con sorna o envidia.

Centros de beneficios

Creo que no está de más recordar que la utilidad final del banco está compuesta de miles de pequeñas utilidades (menos los gastos y las pérdidas) que se han ido obteniendo durante todo el año de los diversos sectores. Cada departamento y cada servicio tienen interés en su resultado anual ya que hará valer su eficiencia e importancia dentro de la institución de acuerdo a qué parte del resultado global represente. Esto, como todas las cosas, tiene un lado positivo y otro negativo. Pone los diversos servicios y agencias en franca competencia pero, a veces, también los incita a "fabricar" resultados.

Resultados inflados

Hay muchas maneras de inflar utilidades. Recuerdo un operador de cambio que era un especialista en esto. Una operación de cambio al contado normalmente genera el tipo de utilidad más real y más claro que se pueda pedir: si se compran € 100.000 a una tasa y se venden, el mismo día, a una tasa superior, cuando ambas operaciones se liquidan en forma simultánea al día siguiente, la diferencia de cambio representa una indubitable utilidad (beneficio de cambio puro). Pero si las dos operaciones no son simultáneas, la situación cambia. El euro futuro puede ser más caro (o más barato, en cuyo caso se cotizará con un descuento en vez de una prima) que el euro al contado cuando se cotiza con una prima contra el dólar a término. Por lo tanto, si un operador de cambio compra € 100.000 al contado contra dólares, y los vende a término, obtendrá un beneficio. Sin embargo, este beneficio será ficticio. Porque el operador utiliza fondos de la tesorería en dólares para comprar euros al contado, y el costo de los dólares (en intereses perdidos) es mayor que el rendimiento de los euros (en intereses ganados). Por consiguiente, la prima de cambio que el operador obtiene sobre la venta de los euros a término solo representa la diferencia de intereses que la tesorería del banco pierde al utilizar dólares para disponer de euros.

El operador también puede obtener un beneficio aparente vendiendo euros a término sin comprarlos al contado. En efecto, si en la posición de cambio no se distinguen los euros al contado de los euros "futuro" y no se les asignan tipos de cambio distintos, la prima obtenida sobre la venta a término aparecerá transitoriamente como un beneficio. Pero en este caso, si bien se evita la inversión de fondos, el operador está asumiendo un riesgo especulativo. Cuando finalmente compre los euros, podrá sufrir una pérdida mucho mayor que la prima recibida en origen.

Recuerdo que en una oportunidad cambiamos al gerente de una agencia. Enseguida se notaron resultados muy satisfactorios: el número de cuentas de la agencia creció rápidamente y también los resultados de la misma. Sin embargo, cuando estudiamos con más atención el sorprendente crecimiento, notamos con cierto disgusto que casi todas las cuentas nuevas habían sido obtenidas en detrimento de otras agencias del banco y no en perjuicio de la competencia. Este era, evidentemente, otro caso en que los resultados son engañosos, pues el banco, en su conjunto, no sacaba provecho alguno de esta maniobra. A menudo, es más fácil sacar un cliente a otra dependencia del banco, convenciéndolo de trasladar su cuenta, que obtener un cliente nuevo.

Beneficios anticipados

Otra manera fácil de crear utilidades es olvidándose de "diferirlas" contablemente. No solo los intereses de descuento (o sea, los cobrados en forma anticipada) deben ser adjudicados en proporción a los meses que dura la operación, sino que los beneficios sobre contratos de cambio a término (como el mencionado más arriba) tampoco deben ser considerados como una utilidad realizada en el mes en que se efectúa la operación, sino que debe ser dividida proporcionalmente entre todos los meses que transcurran hasta el vencimiento de la misma. También puede ser este el caso para las comisiones "*flat*" que se cobran una sola vez, si son importantes y corresponden a transacciones de mediano o largo plazo.

Cualquier beneficio contabilizado sobre el fin del ejercicio, que corresponde a negocios cuyo desarrollo y vigencia transcurrirán principalmente durante el ejercicio siguiente, representa una utilidad falsa o, por lo menos, inexistente para el año que se cierra. No será otro servicio o departamento quien se verá perjudicado, sino el ejercicio siguiente.

Beneficios de inflación

Como ya hemos visto, se puede decir que la inflación también es buena amiga de los beneficios ilusorios. La comparación de los resultados tanto del banco como de sus distintos servicios, departamentos, agencias o sucursales con los obtenidos en el año anterior, deberá tener en cuenta el factor inflacionario.

Por otra parte, también puede ocurrir que el departamento internacional del banco se beneficie por una eventual modificación de la tasa de cambio. En efecto, como la mayor parte de sus comisiones son obtenidas en divisas, o por lo menos calculadas (a la tasa de cambio del día) sobre monedas extranjeras, sus utilidades pueden verse fuertemente aumentadas si se produce una eventual devaluación de la moneda nacional. Traducidas a moneda constante, sin embargo, probablemente tales utilidades del departamento internacional se mantendrán cercanas al nivel del año anterior, o por lo menos su incremento será menos espectacular. Al mismo tiempo, las utilidades del resto del banco, o sea, las de todos los sectores que efectúan operaciones domésticas se verán reducidas (en moneda constante). En un país donde se puede prever –por razones inflacionarias u otras– una o varias devaluaciones, es útil desarrollar las operaciones internacionales para defender los resultados del banco.

No perder

El banquero tampoco debe olvidar que, para llegar a la utilidad final neta, deberá descontar los gastos, las eventuales pérdidas y los impuestos sobre la utilidad bruta. Por ello, sus esfuerzos no tienen por qué, y no deberían, concentrarse solo en hacer beneficios. No perder, también es ganar.

La expansión en operaciones no es la única manera de mejorar los resultados, ni es siempre la mejor. Es cierto que cada nueva transacción presupone una ganancia adicional, pero también involucra un riesgo de pérdidas posibles y gastos administrativos adicionales. Cualquier reducción de gastos que no afecte el buen funcionamiento y desarrollo del banco, representará un beneficio obtenido sin riesgo y, probablemente, sin costo.

Un banquero poco inclinado a ocuparse de problemas administrativos y nada especializado en aspectos fiscales, me contaba que un día había dedicado media hora a estudiar la declaración impositiva del banco. Para su sorpresa, descubrió en ella un grave error de concepto. La rectificación aportada le significó a su institución un ahorro impositivo sumamente importante. Me decía con asombro: "¡Cuántas horas de trabajo, cuántas operaciones y cuántos riesgos habrían sido necesarios para obtener el mismo resultado que el logrado en aquella media hora!".

Asimismo, es cierto que hacer economías y evitar pérdidas es menos atractivo, da menos prestigio y generalmente recibe menos reconocimiento que producir beneficios espectaculares. Quizás sea por eso que, con cierta frecuencia, funcionarios del sector administrativo desean pasar al sector de negocios, mientras que muy rara vez se produce el fenómeno inverso. Toda cuenta de resultados contiene utilidades fantasmas invisibles. Si no fuera tan difícil determinar su cuantía con exactitud, se podría inventar, para consuelo de los sacrificados funcionarios que los obtienen, dos nuevas cuentas de orden: "utilidades no registradas" y su contrapartida, "pérdidas evitadas".

Un gerente administrativo me contaba que había creado un servicio de control entre cuyas funciones estaba la de conciliar las cuentas con los corresponsales extranjeros. Al constatar que el monto de los intereses deudores pagados había aumentado en forma alarmante, llamó al jefe del servicio de control para verificar si su trabajo estaba al día y había sido correctamente efectuado. Así era, las cuentas estaban conciliadas hasta una fecha cercana y el cálculo de los intereses había sido verificado y lo habían encontrado correcto. En otras palabras, todos los intereses pagados a dichos corresponsales habían sido efectivamente devengados. Sin embargo, quedaba pendiente la pregunta principal: ¿por qué se habían producido descubiertos que los justificaban? ¿Se hubiera podido evitarlos? La respuesta a esas preguntas ya no era de la incumbencia del departamento de control, ni este estaba capacitado para contestarlas. Se trataba de un problema de gestión, pero la señal del departamento administrativo permitió rectificar el manejo de las cuentas de corresponsales, racionalizándolo y haciendo así sustanciosas economías. Del mismo modo que las pérdidas evitadas pueden ser consideradas utilidades, también los beneficios no concretados pueden contabilizarse como pérdidas.

Beneficios invisibles

Utilizando otra vez como ejemplo el manejo de las cuentas de corresponsales, se puede citar el caso del "flotante" (*float*). Ciertos bancos emiten gran cantidad de cheques en moneda extranjera sobre las cuentas de sus corresponsales en el exterior y muchos de estos cheques (vendidos a particulares) no son cobrados de inmediato, sino después de cierto tiempo. Como contablemente el banco emisor acredita a su corresponsal el día de la emisión, pero este no lo debita hasta que el cheque le es presentado para su pago, se produce una disponibilidad transitoria de fondos. Estos fondos son llamados "flotantes" por el hecho de no estar registrados en los libros, por ser transitorios y porque su monto exacto es difícil de determinar. Cuantos más cheques emite el banco, sin embargo, más importantes deberían ser los fondos "flotantes". Si el banco se manejara estricta y exclusivamente sobre la base de sus datos contables, este "flotante" sería desperdiciado por completo, no produciendo intereses (ni ahorro de intereses). Por consiguiente, se puede considerar que aquí existiría un beneficio no concretado. Pero en realidad, casi todos los bancos toman en cuenta estas disponibilidades en el manejo de sus cuentas acerca de sus corresponsales y les sacan provecho.

El problema reside en el hecho de que una eventual no utilización de estos fondos es difícilmente detectable.

Corto plazo versus largo plazo

Ciertas acciones o decisiones pueden no traer beneficios inmediatos, sino a largo plazo. El banquero consciente debería darle tanta importancia a estos últimos como a los primeros. Pero quizás esto sea mucho pedir. En principio, los hombres pasan y las instituciones quedan, y los banqueros deberían trabajar para las instituciones. Pero pensar a largo plazo es mucho más difícil que hacerlo a corto plazo, porque se necesita menor rapidez de reflejos pero mayor profundidad de pensamiento. Las decisiones inmediatas son a menudo dejadas en manos de hombres jóvenes, mientras que la planificación para el futuro se entrega a hombres maduros. Así debe ser. Cuando hablo de hombres maduros no me refiero a hombres viejos. Los jóvenes no tienen tendencia a pensar en el futuro lejano, por su misma inestabilidad en los puestos que ocupan o las empresas en que se desempeñan. Pero los viejos tampoco son los más indicados para tomar decisiones cuyos resultados se obtendrán o constatarán solo después que ellos hayan pasado a retiro. Una de las grandes características del ser humano es el egoísmo. Los bancos, como las demás empresas, avanzan impulsados por una serie de ambiciones personales. Afortunadamente, los deseos de lucimiento personal, de promoción, de mejoras económicas, están frecuentemente ligados al progreso y desarrollo de la institución. Cuando es así, no surgen problemas.

Se comprende, pues, que las utilidades inmediatas tengan un atractivo mucho mayor que el de las diferidas para la mayoría de los funcionarios de un banco. Nuestro dueño y señor, el tiempo, no hace sentir su presencia en los bancos solo bajo la forma de intereses compuestos, análisis de riesgos, primas o descuentos, sino también presionando e influyendo en los funcionarios del banco. La presión para la obtención de utilidades inmediatas surge de una serie de vencimientos improrrogables: la publicación del balance anual, el cambio de posición o de empleo, la fecha de retiro y, por qué no, la muerte.

Independientemente de lo que antecede, no cabe duda de que, en muchos casos, es conveniente diferir ciertas utilidades en aras del desarrollo futuro. Una comisión exagerada puede ser abonada por el cliente sin protestar y, sin embargo, significar la pérdida de este para operaciones futuras. Gastos de instalación de nuevas agencias o sucursales pueden disminuir sensiblemente las utilidades de un ejercicio pero ser la fuente de un importante desarrollo a mediano plazo que aporte grandes satisfacciones y beneficios en ejercicios siguientes. Incluso la toma de posiciones estratégicas en los mercados de cambio o del dinero pueden significar pérdidas iniciales que luego se convertirán en resultados positivos.

Window dressing y reservas ocultas

Los bancos frecuentemente realizan una campaña para obtener depósitos transitorios a fines del ejercicio a los efectos de una mejor presentación del balance.

Este *window dressing*, que traducido en forma no demasiado literal podría llamarse "adorno de fachada", también se hace a veces con los resultados, inflándolos artificialmente. Sin embargo, en ambos casos, se trata de armas de doble filo: al exagerar el monto de los depósitos y al volver estos a su nivel real poco después de publicado el informe anual, al banco se le hará más difícil mostrar un sensible progreso de los mismos en el próximo ejercicio ya que habrá "arrancado desde atrás". En cuanto se refiere a las utilidades, pasará algo similar: el incremento se habrá hecho absorbiendo reservas con las que no se podrá contar el año siguiente o, incluso, como hemos visto, absorbiendo utilidades diferidas que deberían haber integrado las del nuevo ejercicio.

Cuando los bancos son lo suficientemente afortunados como para no tener que preocuparse por utilidades magras, a veces se desvelan por utilidades demasiado cuantiosas. En estos casos, ya sea por una política sana y conservadora como por pudor frente a terceros, pueden decidir esconder una parte de ellas. Existen varias posibilidades de constituir reservas ocultas. Sin embargo, deberá cuidarse que no sean tan ocultas como para que no se encuentren cuando se las necesite.

Relatividad

¿Cómo distinguir un buen resultado de uno mediocre o malo? Esto tampoco es siempre fácil. Un beneficio que en cifras absolutas aparece como bueno puede ser malo si se demuestra que hubiera podido ser mucho mejor. Del mismo modo, un resultado aparentemente pobre puede ser muy bueno si, en realidad, hubiera debido ser mucho peor. El banco no puede ser juzgado sin ubicarlo en su contexto, ni sin compararlo con el resto del sistema.

EL BANQUERO Y SUS FUNCIONARIOS

Como sucede en otras empresas, lo más difícil en un banco no es manejar los negocios, sino manejar las personas.

Muchas operaciones se repiten de manera idéntica o parecida. En cambio, los individuos son todos diferentes y cada uno representa un problema que hay que resolver. Por ejemplo, en la relación entre dos personas –entre el banquero y uno de sus colaboradores– existen siempre dos problemas: el que presenta el colaborador, y el que presenta el propio banquero. Este último es a menudo el más difícil de los dos. En efecto: ¿cómo puede controlar a los demás si no se controla a sí mismo?

Contactos

El ajetreo y la tensión, sumados a las dificultades diarias del trabajo, hacen a veces más difícil mantener la calma. Sin que esto redunde en distanciamiento o frialdad, será conveniente que exista cierto orden en los contactos entre el banquero y sus colaboradores para bien de ambos. El banquero atenderá a sus colaboradores con regularidad y estará siempre disponible en el caso de una emergencia, pero debe disponer del mínimo de tiempo necesario para prepararse mentalmente para el tema que le van a someter. Por esta razón, no es conveniente que los funcionarios irrumpan a cada instante en el escritorio del banquero sin anunciarse, con sus problemas y consultas. Tampoco es bueno que el banquero llame a cada instante a sus funcionarios y los interrumpa en su trabajo por asuntos que podrían esperar. Sería mejor que anotase los distintos temas de los que quiere hablar con cada uno, y les pasase revista una vez al día a todos juntos. Y eso mismo debería hacer el funcionario.

En otras palabras: habría que establecer un respeto recíproco por el trabajo ajeno para que la relación sea más fácil y esté menos sujeta a reacciones temperamentales.

Personalidad del banquero

En los bancos regionales, por ejemplo, que todavía tienen una dimensión razonable y donde sigue existiendo un contacto estrecho entre los funcionarios y la gerencia, la imagen de la institución suele ser importante para los funcionarios. La única manera de que exista un espíritu de equipo es creando un banco del cual sus empleados estén orgullosos. En esas instituciones, la imagen del banco sigue estrechamente vinculada a la personalidad del banquero y depende de ella. De ahí la importancia de su relación con los funcionarios. Como siempre, el ejemplo debe venir de arriba. La tendencia normal del personal será responder, seguir y emular al superior jerárquico que admira o respeta. Se puede exigir mucho de funcionarios y empleados, a condición —ante todo— de exigirse mucho a uno mismo.

Un banquero que puede demostrar conocimientos amplios, juicio sano y que ha alcanzado su puesto gracias a su trabajo y a sus méritos, obtendrá sin duda el respeto de sus funcionarios. Desafortunadamente deberá contentarse con eso: el respeto. En efecto, el banquero también tendrá que ser justo, exigente y, a veces, duro. Como alto ejecutivo en relación de dependencia, el banquero debe recordar además que su primera obligación es obtener resultados positivos, no ser querido. El banquero sensato tratará de ser respetado en el banco y amado en su casa.

Elección de funcionarios

Lo ideal es poder elegir colaboradores inmediatos dentro del banco mismo ya que esto motiva a todo el personal, pues les demuestra que existen posibilidades de progreso para todos dentro de la institución.

Para poder formar un verdadero equipo, los integrantes deben haber trabajado muchos años juntos. Cuando el tiempo lo permite, es más satisfactorio llenar ciertos puestos nuevos con funcionarios jóvenes que se irán formando gradualmente porque se adaptan mejor a un trabajo y un estilo nuevo, siempre que sean inteligentes y tengan ganas de aprender y de trabajar. Por otro lado, cambiar las costumbres de un funcionario experimentado resulta difícil, pues sus cualidades, defectos y, sobre todo, su forma de enfocar los problemas, están profundamente enquistados en su personalidad. A veces el banquero necesita llenar de manera urgente una vacante y no dispone –o no cree disponer– de candidatos apropiados dentro del mismo banco, entonces recurre a la contratación de personal proveniente de otras empresas o bancos.

La elección de tales colaboradores es una tarea delicada y difícil. Si bien entran muchos elementos en consideración, del mismo modo que al enfrentar al cliente, el trabajo subconsciente –mal llamado intuición– es también importante aquí. Al encarar al candidato, el banquero tiene una primera impresión que es casi siempre correcta. Algunos de los elementos que provocan esta primera impresión son perfectamente analizables a posteriori y son: la actitud y la mirada franca, la falta de falsa modestia o pedantería, el interés evidente por aprender, la manera de vestir, de expresarse, de escuchar, la confianza en sí mismo, la sensatez y moderación al hacer ciertos comentarios, etc. Cuando el banquero no busca llenar un puesto muy especializado, y cuando no está frente a una emergencia, le dará más importancia a estos detalles de orden general que a los conocimientos enumerados en un currículum vítae porque los conocimientos se pueden adquirir, mientras que ciertas cualidades importantes no.

De todos modos, aun teniendo en cuenta estos elementos, es fácil equivocarse porque no es lo mismo formarse un juicio sobre una persona entrevistada media hora, que sobre un empleado o funcionario que ha trabajado en el banco varios años y con el cual se han tenido contactos frecuentes.

Normas básicas

Existen algunos principios que el banquero debe empeñarse en transmitir a sus funcionarios y que ellos tratarán de comprender y aplicar, si son ambiciosos y desean progresar dentro de la institución:

a) El trabajo es el elemento principal de toda carrera exitosa.

Muchos siguen buscando un buen sustituto del mismo, pero no lo hay. Uno puede "hacer creer" que trabaja, por cierto tiempo, pero el engaño nunca dura mucho.

b) Hay que hacer más de lo que se espera de uno.

¿Acaso no alcanza con cumplir correctamente con el trabajo y la función asignada? Sí, eso suele ser suficiente para conservar su empleo, pero no lo es para escalar posiciones.

c) Se debe ser honesto.

Por la naturaleza de su actividad, los bancos son probablemente las empresas que menos pueden permitirse el lujo de tener empleados o funcionarios deshonestos.

Hay muchas maneras de robar al banco, pero también hay muchísimas maneras de detectar quién lo hace. Para empezar, el que comete un robo o una estafa (cuando no es un profesional en la materia) puede maniobrar con mucha habilidad pero no puede impedir estar nervioso o por lo menos tenso. Ese estado de ánimo lo lleva, casi inevitablemente, a cometer un error o a delatarse por actitudes anormales.

El banquero sabe que debe vigilar a quien nunca sale de vacaciones, a aquel que se resiste a todo cambio de puesto, al que se ausenta demasiado a menudo, al que se queda hasta muy tarde o llega demasiado temprano, al que lleva una vida privada irregular o con problemas, al que le gustan demasiado el juego o las mujeres, al que tiene amistades sospechosas. No, el banco no es un convento, y sus funcionarios no deben ser ascetas o santos, pero deben comportarse como personas normales. La carrera de un funcionario deshonesto generalmente dura poco. No hay que presentarse para solicitar empleo en un banco manifestando, como en el cuento: "¡Si el puesto es de cajero, no importa el sueldo!".

d) No hay que tener ambiciones económicas desmesuradas.

Quien se proponga hacer una fortuna rápida, tendrá que buscarse otra carrera.

Aún quedan barcos hundidos con sus tesoros en las profundidades del mar, casinos tentadores, descubrimientos fabulosos por patentar, novelas de éxito por escribir.

El banco puede proveer un trabajo apasionante, una carrera atractiva, un mejoramiento progresivo de la situación económica que puede llegar hasta la comodidad, el desahogo, la tranquilidad en el presente y para el futuro. Pero no se hace fortuna trabajando en el banco. Es bueno saber esto antes de ingresar, de la misma manera en que es conveniente, antes de casarse, conocer las cualidades y defectos del futuro cónyuge.

e) Hay que ser paciente.

Mediante trabajo y capacidad se puede avanzar bastante rápido en la carrera e incluso de forma brillante. Pero hay que acordarse de que no todo depende de uno mismo.

Cuanto más grande sea el banco, más numerosas serán las posibilidades que se ofrecen, pero también serán más las dificultades que uno deberá enfrentar. Después de todo, un banco es un conjunto de personas que trabajan y conviven durante muchas horas al día. Independientemente de los problemas de trabajo, de técnica operativa, etc., existen también problemas humanos, más comunes, pero más difíciles de resolver. Existen envidias, injusticias, arbitrariedades, luchas internas, tonterías. Estos son los aspectos del banco que necesitan enfrentarse con mayor paciencia. Para abocarse a ellos con serenidad, hay que pensar que no existen solo en los bancos, ni en una entidad en particular, sino en todas partes, en cualquier empresa. Además, hay que saber que muchas veces se resuelven solos (como por arte de magia) cuando menos se lo espera.

Un funcionario amigo me contó que tenía un jefe que cometía irregularidades. Si bien tenía sobrados motivos para estar seguro de ello, mi amigo no disponía de pruebas. La situación era muy delicada, pues cualquier acusación de su parte a las altas autoridades sería interpretada como celos y deseos de perjudicar a su jefe para ocupar su puesto. Para colmo, el jefe –sabiendo que su subordinado sospechaba de él– le hacía la vida imposible para obligarlo a renunciar. Mi amigo aguantó cuanto pudo, hasta que llegó a un punto en que la situación se le hizo insostenible. Por lo tanto, decidió pedir su transferencia a otra sucursal. Un día trajo en su bolsillo la carta por la cual solicitaba ser transferido "por incompatibilidad". Al llegar al banco, cuál no sería su sorpresa cuando le anunciaron que su jefe acababa de renunciar. Rompió la carta y, como en los cuentos de hadas, continuó su carrera y fue muy feliz.

Otro caso fue el de un banquero que se encontró frente a una amenaza de expropiación del edificio del banco y no sabía adónde mudarlo. Como esto ocurría en un país bajo un régimen totalitario, la amenaza era seria y en cualquier momento podía ejecutarse. La idea provenía de un influyente miembro del gobierno, que quería utilizar el edificio del banco para ubicar ciertas dependencias del Estado. Nuestro banquero llegó al máximo de la desesperación al no encontrar solución a su problema, pero cuál no sería su sorpresa cuando le anunciaron que el promotor del proyecto de expropiación se acababa de morir de un infarto. Quizás en este caso a la providencia se le fue la mano y adoptó medidas demasiado drásticas. Pero ¿quiénes somos nosotros para juzgar los designios del más allá? De todos modos, nunca más se volvió a hablar del asunto.

f) Es imprescindible preparar un sustituto.

Una de las cualidades más importantes de un funcionario consiste en saber enseñar a sus subalternos y prepararlos para que un día ocupen su lugar.

Conocí muchos funcionarios celosos de sus conocimientos. En general, se trata de personas inseguras, que temen que sus subordinados los puedan alcanzar o eclipsar. En verdad, todo funcionario seguro de sí mismo y deseoso de progresar, debe ser generoso y transmitir sus conocimientos a sus colaboradores.

En primer lugar, la formación de personal calificado será un elemento más a tener en cuenta en su favor cuando se lo juzgue en la alta gerencia. En segundo lugar, mientras no pueda afirmar con toda sinceridad que su subalterno lo puede reemplazar en el puesto que ocupa, tendrá pocas oportunidades de ser promovido.

g) La satisfacción o insatisfacción con la carrera debe ser determinada mediante un análisis objetivo y no comparándola con la carrera de los demás.

Es muy feo ser envidioso, y además no perjudica a los otros, sino a uno mismo. El tiempo que uno pierde pensando en cuánto gana otro funcionario, en cuán rápido fue ascendido, en cuánto menos trabaja, en lo poco inteligente que es, tampoco es un signo de inteligencia. Ese tiempo podría ser mejor aprovechado si se ocupa trabajando. Además es bueno aceptar la idea de que el mundo está lleno de injusticias. En un banco grande, como en cualquier empresa, existirán inevitablemente injusticias involuntarias (y también voluntarias). Para que no existieran habría que prohibir al accionista mayoritario tener hijos, al presidente tener un sobrino, al gerente general tener simpatías y antipatías, al cliente importante tener tanto dinero en su cuenta. Si un funcionario está satisfecho con el trato y la remuneración que recibe, no tiene por qué dejar de estarlo porque otro reciba un trato mejor. Si no está satisfecho no tiene por qué convencerse de que lo está, solo porque lo tratan mejor que a otros.

h) No hay que quejarse continuamente.

No hay persona más desagradable que el llorón. Ningún banco es perfecto. El funcionario tiene derecho y debe hacer su "balance". Poner en una columna todos los elementos favorables que encuentra en el banco y, en otra, todos los negativos. Si los primeros superan a los segundos, lo mejor es seguir adelante sin quejas y sin mal humor inútil y destructivo. Si, por el contrario, los segundos superan a los primeros, más que quejarse probablemente le convendrá ir buscando un empleo que lo haga más feliz.

i) Debe darse el ejemplo.

Sin esta condición elemental, nadie puede dirigir y mandar eficazmente.

j) Conviene adaptarse al carácter y a las costumbres del superior jerárquico, y no esperar que él se adapte a los de uno.

Recuerdo un funcionario muy bueno que por razones que le eran propias acostumbraba a llegar tarde al trabajo, compensando después al quedarse hasta muy tarde en el banco. Su superior le llamó la atención por no haber estado presente cuando él lo llamó. El funcionario alegó que todos los días se quedaba trabajando hasta tarde en la noche. A esto su jefe le contestó, con toda razón, que necesitaba la presencia de sus colaboradores cuando él mismo estaba en el banco y que, como no pensaba trabajar tarde en la noche ni ajustar su horario al de su personal, esperaba que este ajustase el suyo.

k) Los subalternos no deben ser desautorizados.

Como ya mencionamos, cuando un subalterno compromete al banco frente a un cliente, aun cometiendo un error, y su decisión perjudica al banco, no debe ser desautorizado. Si se le asignaron responsabilidades por encima de sus posibilidades, la culpa es de quien las delegó. Si corresponde se le podrá llamar la atención o sancionarlo, pero el banco tendrá que cumplir con el compromiso asumido ante el cliente, sin que este tenga siquiera que percatarse de que existió un error de criterio o una extralimitación.

CAPÍTULO 17

LA BUROCRACIA

La burocracia no es un mal exclusivo de la banca. Pero mal de muchos, consuelo de tontos. La enfermedad tiene muchas causas y adopta muchas formas, siendo, a la vez, consecuencia y freno del desarrollo. Surge del crecimiento, de la prudencia, de la inercia, del miedo a las responsabilidades, de la pereza, de la especialización, de la diversificación, de la necesidad de control, de las estafas. Cualquier pretexto parece ser bueno, cualquier alimento nutre al monstruo.

A medida que el banco crece, disminuye la capacidad media del personal, aumentan los riesgos, se hace más raro y difícil el contacto personal del banquero con sus clientes e incluso con sus empleados. Se vuelve necesario reemplazar las explicaciones, los consejos, las enseñanzas diarias, las decisiones individuales empíricas y flexibles por una multitud de normas escritas, rígidas y teóricas.

Circulares

Las circulares internas, que pretenden prever todos los casos y rellenar las lagunas dejadas por las normas anteriores, crean una real maraña de instrucciones, donde se pierden y debaten los pobres funcionarios y empleados que deben seguirlas y aplicarlas. Ninguna circular es perfecta, como tampoco lo son quien la redacta ni quien la lee, motivo por el que se producen frecuentes malas interpretaciones y aplicaciones. Además, una circular no conversa; y, por ende, no se le pueden pedir aclaraciones.

Por cierto, estas podrían pedirse al jefe directo quien, a su vez, las requeriría a su propio jefe quien las solicitaría al suyo quien trataría de obtenerlas de...

Pero es más fácil no preguntar nada, ya sea para no cansarse más de lo necesario o para no pasar por necio. A las circulares que algunos leen y muchos no, se agregan las monografías que no lee nadie, porque son muy largas, y no hay tiempo.

Todas estas directivas escritas son ignoradas por algunos y tomadas demasiado al pie de la letra por otros. Ambas actitudes son peligrosas, porque suelen hacer perder más de un cliente.

Pocas circulares dejan margen para la excepción. Esta se deja al criterio del funcionario imaginativo, valiente, con sentido común y deseos de hacer las cosas bien. Pero de estos se encuentran cada vez menos.

También existe el peligro de que las circulares se conviertan en verdaderas vacas sagradas. ¿A quién se le ocurriría que la circular pudiera estar equivocada, y que uno tuviese razón? O que, tal vez, la circular simplemente haya perdido vigencia a través de los años. Menos aún se le ocurriría proponer la modificación de una regla aunque parezca absurda o caduca. Esto llevaría, a quien lo propusiera, hasta las esferas superiores con el riesgo de incurrir en el desagrado de quienes fueron sus autores. La fuerza de la inercia y la falta de curiosidad son los perros guardianes de la burocracia.

A la pregunta: "¿por qué procedió de esta manera?", la respuesta más frecuente y aterradora para quien desea el progreso del banco es: "porque siempre se hizo así". Sin embargo, uno no debe extrañarse de que esa actitud exista en los niveles jerárquicos inferiores, ya que también se halla en niveles mucho más altos. A título de ejemplo, recuerdo que, en una reunión del comité de técnica bancaria de una importante organización internacional, alguien se atrevió a señalar que un artículo de un texto consagrado, donde se determinaban las reglas a seguir para ciertas transacciones, estaba equivocado. Los argumentos en apoyo de tal aseveración eran contundentes, sin embargo, el presidente del comité técnico, un muy antiguo y respetado banquero, se limitó a contestar que el texto había sido objeto de estudios durante casi diez años por un comité de especialistas y que, por ello, no le parecía oportuno pensar en modificarlo.

A todas luces, esto no constituía un argumento. Ningún texto es perfecto, cualquiera puede equivocarse. Es una pena que por pasividad o por miedo al ridículo, muchos errores detectados queden sin señalar y perduren circulares, reglas y textos diversos, tal cual han sido formulados originalmente, con imperfecciones y defectos capaces de provocar múltiples inconvenientes en su aplicación práctica.

Técnicos y asesores

Los especialistas y asesores varios son, a la vez, una necesidad y un dolor de cabeza para un banco moderno y diversificado. Los abogados, asesores, fiscales, programadores, cambistas, especialistas en marketing, especialistas en *factoring*, en publicidad o en *leasing*, operadores de mesas de dinero, son imprescindibles dentro de una institución financiera de cierta dimensión. Generalmente, también son profesionales cabales, y hasta los hay brillantísimos. Pero ahí empieza el problema: ¿cómo saberlo?

Mientras el banquero consiga utilizar todo este equipo de técnicos sin perder su propio aplomo, sentido común y la confianza en su capacidad de decisión, todo irá bien. Pero algunas veces, el banquero con su cultura general y su falta de especialización desarrolla un tremendo complejo de inferioridad ante sus técnicos. Cuando esto sucede está perdido, porque en vez de utilizar a sus especialistas se dejará dominar por ellos, y un banco dominado por tecnócratas caerá en la más absoluta e inoperante burocracia.

Hace algún tiempo, dos bancos se pusieron de acuerdo a nivel ejecutivo para concluir una operación relativamente sencilla y sin problemas. Sin embargo, esta necesitaba ser regularizada mediante la firma de un contrato formal por lo que se convino redactar un documento, lo más simple posible, que se ajustase a los términos del negocio tal cual había sido convenido.

Se encargó a los abogados del banco más importante la elaboración del contrato. Tres meses después, el documento tenía más de cien páginas. Por lo complejo y voluminoso era obvio que no se había confeccionado un contrato "a medida", sino que se había adaptado uno que había servido para amparar operaciones anteriores, mucho más complejas.

¿Cuánto tiempo habría sido necesario si se hubiese redactado un contrato totalmente nuevo?

Tales contratos pueden acabar con las transacciones más interesantes y descorazonar a los banqueros más entusiastas. Visto que, a veces, es difícil discutir con los abogados en igualdad de condiciones y en un idioma inteligible para ambas partes, lo mejor puede ser ponerlos frente a frente. Lo malo es que así puede entablarse un intercambio lleno de virtuoso tecnicismo, de gran interés intelectual y quizás hasta revestido de cierta belleza, pero que pierde totalmente de vista su propósito inicial, o sea, la realización de la operación. Esta pasa rápidamente a segundo plano y termina careciendo de importancia, pues, de todos modos, ya no se puede realizar.

Un banquero se pasó casi diez años tratando de conseguir, de tres sucesivos especialistas en computación, que los datos estadísticos de su departamento internacional se pudiesen obtener del computador. Para la mente simplista del banquero, la cosa parecía sencilla. Primero debían codificarse los elementos más importantes de los distintos formularios del departamento, es decir, de los créditos documentarios, las fianzas, las cobranzas, las operaciones de cambio, etc. Segundo, debían introducirse estos elementos en la memoria del computador. Tercero, se debía programar el computador para que, a requerimiento de los interesados, proveyera informaciones tales como: ¿cuántos créditos documentarios se habían abierto desde principios del año sobre el Japón?, ¿cuántos sobre un corresponsal determinado?, ¿cuántos de estos créditos eran a la vista, de pago diferido o de aceptación?

Los especialistas convencieron al banquero de que este deseo era legítimo, aunque algo extravagante, que se estaba trabajando en esa dirección, que les tomaría tiempo porque el problema era complejo y que, además, el departamento de computación tenía otras prioridades.

Los técnicos saben mejor que uno lo que es bueno para uno.

Nuestro amigo banquero tiene una confianza absoluta en sus expertos, sabe que le dicen la verdad, y que su idea de que el problema planteado es simple proviene de su desconocimiento en la materia. Por lo tanto, se resigna a esperar, mientras adivina cuántos créditos documentarios abrió este año sobre el Japón.

Contabilidad

Los problemas contables también son de naturaleza diabólica.

El banquero ingenuo imagina que la contabilidad no es más que un registro en el cual se describen todas y cada una de las operaciones realizadas por el banco, así como cree que la contabilidad debe adaptarse siempre a las operaciones y nunca las operaciones a la contabilidad.

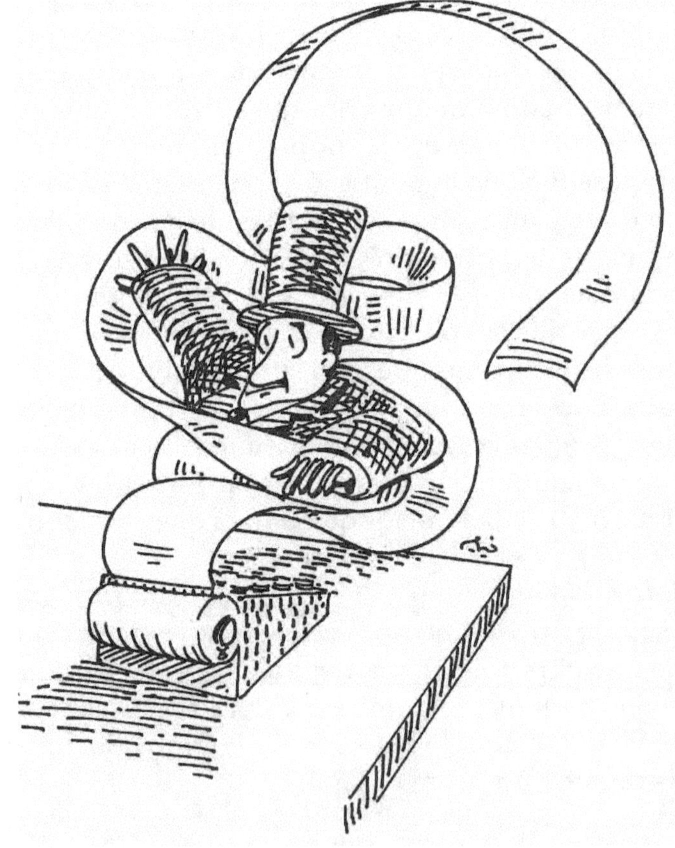

"Los problemas contables también son de naturaleza diabólica."

¡Profundo error!

Cuál no fue mi estupor cuando más de una vez un contador me dijo que una operación no se podía realizar porque su contabilización no estaba programada.

Otro peligro digno de señalarse en el área de la contabilidad es la aparente generación espontánea de un sinnúmero de cuentas de orden, provisorias o puente. Parecería que cada vez que no se sabe cómo darle entrada a una operación, la misma muere en una cuenta transitoria. Lo grave es que puede llegar a quedarse para siempre allí, dejando de ser transitoria (excepto en nombre), sin que nadie se percate de ello. No hay nada aparentemente tan inofensivo y en realidad tan peligroso como estas cuentas. A menudo, son creadas por razones valederas, pero estas cambian rápidamente y uno se olvida de su propósito inicial.

Si un banquero pierde algo, ya sea su bolígrafo, su reloj o un documento cualquiera, le aconsejo que lo busque primero en las cuentas transitorias de su banco. Probablemente estará allí, y si no fuese así, con seguridad encontrará alguna otra cosa inesperada y muy interesante.

Comités

La creación de comités de trabajo es otro instrumento que se puede usar, pero del cual no se debe abusar.

Tampoco este es un mal exclusivamente bancario, pero los bancos se prestan a su desarrollo y crecimiento. Una cosa es trabajar en equipo, tener una reunión informativa, un intercambio de ideas, y otra es la sistemática formación de un comité cada vez que se debe enfrentar un problema o tomar una decisión.

Un trabajo en equipo se organiza habitualmente cuando este es demasiado grande para que lo ejecute una sola persona. La tarea se divide en varias partes o fases, y se distribuye equitativamente entre los distintos miembros del equipo para que se pueda realizar de manera más rápida y eficiente. Al final, se reúnen los trabajos individuales en un todo.

Una reunión informativa entre un funcionario y sus empleados puede ser necesaria para participarles decisiones tomadas, la política a seguir, o enseñarles métodos de trabajo. Algunos temas complejos también pueden justificar una reunión entre funcionarios y empleados en la cual, más allá de los rangos jerárquicos, se intercambien ideas libremente. Así también, ciertas decisiones de política general del banco son tan importantes que es necesario someterlas a la decisión de un comité ejecutivo o de una junta directiva.

Pero los comités a los que me refiero no tienen ninguna de las características anteriores. Son comités en los cuales el trabajo que debería y podría ser ejecutado por una sola persona, es tratado o maltratado por varias al mismo tiempo. De esta forma, el trabajo se termina haciendo lento y mal. Hay funcionarios perezosos o temerosos que forman, espontáneamente y con gran entusiasmo, estos comités.

El comité es una magnífica excusa para no hacer nada, sin que se note demasiado. También es un lugar maravilloso para deshacerse de responsabilidades ya que uno, por ejemplo, puede participar en una decisión desagradable y mantener una especie de anonimato. Todo esto, sin hablar de las ventajas que proporciona el comité cuando una decisión ha sido tomada equivocadamente: ¿quién decidió?, ¿quién es el responsable? ¡El comité!

A veces un funcionario se adjudica como propia una decisión tomada en comité, para hacerse valer ante un cliente o un superior. Pero si algo sale mal o la decisión es negativa, responsabiliza de todo el asunto al comité, mientras insinúa además que él no compartió el punto de vista de la mayoría.

Asimismo, los comités sirven para no atender tareas o clientes inoportunos dándose, de paso, un poco de importancia (sobre todo cuando uno no la tiene realmente): "¿Usted desea hablar con el señor Mengano? Lo siento, pero está en una reunión de comité y no puede ser interrumpido", "¡Perdone, pero no lo puedo atender en este momento, ya estoy atrasado para la reunión del comité!", "¿Podemos dejar esto para mañana? Hoy tengo reunión de comité". El especialista en comités termina logrando que estos ocupen casi todo su tiempo, con una interrupción para el almuerzo, que es sagrado.

Lo malo de la burocracia es que para sus fines inconfesados utiliza armas prestigiosas. Y las utiliza mal.

El peligro de delegar

Se ha hablado muchísimo –y con razón– de lo malo que es para un ejecutivo ser demasiado centralizador, de que hay que saber delegar. Ningún alto ejecutivo puede llegar a nada si no sabe delegar.

Es cierto. Pero ¡con qué rapidez algunos funcionarios apáticos captaron la magnífica excusa que esta verdad elemental ofrecía!

El banquero puede estar seguro de que cualquier tarea que les encomiende a estos señores, ellos la van a delegar, con lo cual se sacan el trabajo de encima y, además, al igual que cuando integran un comité, creen deshacerse de su responsabilidad sobre el mismo: "Perdón, no estoy al tanto, delegué este trabajo a Fulano", "¡Lo siento, pero Fulano cometió un error!", "¡No puedo entender por qué Fulano hizo esto, ya que mis instrucciones fueron bien claras!".

El funcionario se equivoca al creer que escapa a su responsabilidad. Fulano siempre es un subordinado, si no fuera así, no habría aceptado que le delegasen la tarea que originalmente le fue asignada a otro. Cualquier funcionario es totalmente responsable ante la superioridad por un trabajo efectuado o error cometido por uno de sus empleados. La obligación primordial de un jefe es enseñar el trabajo a sus empleados para luego poder delegárselo, si ello correspondiese, y eso siempre bajo su entera responsabilidad.

Es negativo centralizar o delegar demasiado. Pero cuando un funcionario es centralizador, uno puede estar seguro de que, por lo menos, es trabajador.

Quizás resulta más fácil enseñar a delegar a un trabajador, que a trabajar a un haragán.

Como todo ejecutivo, el banquero conoce la Ley de Parkinson y el Principio de Peter, así que debe estar siempre atento para detectar, en su propia institución, cualquier síntoma de estos males a fin de contenerlos a tiempo. Ambos constituyen un peligroso avance de la burocracia, tendiente a disminuir rápidamente la eficacia del banco al mismo tiempo que a aumentar sus costos operativos.

El primer fenómeno redunda en un crecimiento más rápido del personal que del trabajo efectuado, y el segundo, en tener funcionarios y empleados ubicados en puestos donde estos no pueden rendir adecuadamente.

Autocrítica

Al combatir estos males, la dificultad no consiste en desconocerlos, puesto que son bien conocidos por la gran mayoría de los banqueros, sino en cierta barrera psicológica que impide reconocerlos en la institución propia. Es la misma actitud que tienen algunos padres que no quieren admitir los defectos de sus hijos, pero constatan inmediatamente los de los hijos ajenos.

Burocracia estatal

Sin poner en tela de juicio ni emitir una opinión política, quisiera decir que los países socialistas se destacan por su tendencia a la burocracia.

En una época, me sentí profundamente frustrado porque no conseguía que dos bancos radicados en países socialistas nos apoyaran con sus operaciones internacionales. Tanto uno como otro favorecían a bancos de la plaza donde mi institución desarrollaba sus actividades que, por extraña coincidencia, tenían en sus respectivos capitales participación de instituciones de países cuyo régimen político era fascista.

La elección de tales corresponsales resultaba, por lo menos, sorprendente por ser de regímenes políticos tan opuestos.

Decidí viajar a los respectivos países y descubrí, con gran sorpresa, las razones de estas extrañas corresponsalías: en el primer caso, hacía más de veinticinco años (o sea, antes de que dicho país adoptara un régimen de gobierno socialista y antes de que existiera la participación de un país fascista en el capital del banco corresponsal), el banco central del país socialista mantenía una pequeña participación en el capital del corresponsal.

En el segundo caso, la explicación era todavía más sorprendente: ¡el banco corresponsal había sido elegido porque en su razón social se encontró la palabra "popular"!

Debemos reconocer que la burocracia es un mal universal, y que la banca privada de los países capitalistas no está, como hemos visto, libre de ella.

Me acuerdo de que en cierto banco privado se imprimía un lujoso y costoso informe dos veces por año, para enviarlo a todos los corresponsales del mundo. Efectuando una verificación, se constató que los envíos se hacían sobre la base de una lista de corresponsales redactada hacía más de treinta años. En consecuencia, muchos informes se expedían a direcciones equivocadas, a bancos que ya no existían y hasta a países que se habían disuelto, desmembrado, etc.

El único consuelo fue que ninguno de estos informes fue devuelto jamás por el correo, lo que hace suponer que, dentro de su propia burocracia, el correo debe haber creado un departamento especial para cartas ¡enviadas al pasado!

El humor involuntario de la burocracia

No todo es serio en los bancos. En ellos suelen ocurrir historias pintorescas que, a veces, reflejan características personales o nacionales.

Así sucedió con un banco latinoamericano que incluyó en su formulario impreso de apertura de crédito documentario la frase siguiente: "El reembolso de este crédito documentario será efectuado por intermedio del departamento de coberturas del Banco Central", agregando: "Si dicho departamento llegara a desaparecer...". El caso refleja en forma involuntaria, o tal vez ingenua, la inestabilidad institucional del país del banco emisor.

A su vez, los bolivianos se caracterizan por una extrema gentileza y cortesía que se refleja en su hablar. Es muy agradable que en La Paz le "insinúen" a uno comer otro dulce o tomar otra taza de té de hojas de coca. Pero cuando recibí un télex "insinuando" a mi banco confirmar una carta de crédito documentario, estuve muy tentado de enviar en respuesta un télex preguntando: "¿Quieren que confirmemos el crédito o no?".

Finalmente, un funcionario colombiano que terminaba el estudio de los balances y de la relación de crédito con una empresa de pompas fúnebres, concluyó su comentario favorable con el comentario: "Cliente de todo reposo".

¡Yo soy Pérez!

Un cuento que resume bien los problemas de la burocracia es el siguiente:

Un banco grande contrata a un nuevo funcionario que comparte una oficina con otro de su mismo rango y funciones, pero que trabaja en la institución desde hace muchos años. El nuevo funcionario se ve desbordado de trabajo todos los días, sumergido en carpetas, ahogado en un mar de papelería. Su vecino veterano, apenas recibe unas pocas carpetas y papeles que despacha con celeridad, casi sin mirarlos. Su escritorio está siempre limpio y tiene tiempo de sobra para fumar y tomar café.

Un día, el nuevo funcionario le pregunta, algo exasperado: "¿Cómo hace usted para estar siempre desahogado, cuando yo estoy desesperado porque no consigo terminar mi trabajo?". El antiguo funcionario lo mira, y con una sonrisa le dice: "Mire, usted me resulta simpático, así que le voy a dar la solución al problema. En un banco grande como este, siempre existe por lo menos 'un' señor Pérez. Cuando me llega un trabajo o una carpeta, me limito a escribir encima: 'A la atención especial del señor Pérez', y la despacho. ¡Sepa que nunca vuelve!'".

Al oírlo, el novato le propina un tremendo puñetazo. Sorprendido y dolorido, su interlocutor le pregunta: "¿Por qué hizo eso?". A lo cual el nuevo funcionario le grita: "¡Porque yo soy Pérez!".

LAS VICISITUDES DEL BANQUERO

El ojo de vidrio

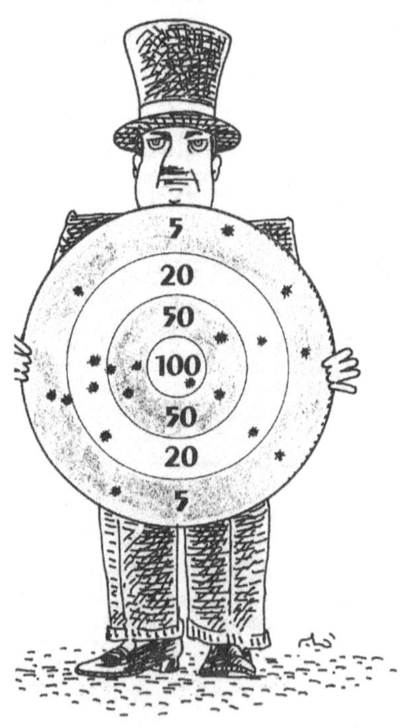

"...Agotado y desilusionado ante los constantes ataques de los que es objeto..."

Existe un cuento clásico en el que un banquero recibe a un cliente y, para concederle un préstamo, le exige adivinar cuál de sus ojos es de vidrio. Después de mirarlo con atención por un rato, el cliente dice: "¡El izquierdo!". El banquero concede el crédito, pero le pregunta con curiosidad al cliente cómo adivinó, y este responde: "Por esa lucecita más humana...".

Hace años que en reuniones sociales me apresuro a contar este cuento como una especie de autodefensa y, sobre todo, antes que otros me lo cuenten a mí. Sin embargo, ¿no será que la mirada vidriosa y fría del banquero, más que un signo de su insensibilidad e indiferencia, es la consecuencia de su agotamiento y desilusión ante los constantes ataques de los que es objeto? Todo el mundo necesita del banquero, pero es obvio que nadie lo quiere. Sus críticos son múltiples, empezando por su clientela (beneficiaria directa de sus servicios), los gobiernos, la prensa, los asaltantes, los estafadores y, por un complejo masoquista, los propios banqueros.

Los clientes

Los clientes se quejan, sobre todo, de que los bancos cometen muchos errores. Evidentemente, estamos lejos del tiempo en que el cajero de un banco británico a quien un cliente honesto le quería devolver un dinero que le habían entregado en exceso, rechazaba dicha devolución con un ofendido: "¡El banco no se equivoca nunca!". Esto no ocurre más porque ahora los bancos sí se equivocan y, quizás, también porque hay menos clientes que devuelven lo mal recibido. De hecho, el número de errores cometidos por los bancos es cada vez mayor, ya que aumentan en relación directa con el incremento del volumen de operaciones efectuadas.

Los bancos y las compañías aéreas son probablemente las empresas que más se han desarrollado en los últimos diez o quince años. No es de extrañar, por consiguiente, que su atención a los usuarios sea cada día peor. Más operaciones, menos empleados calificados y entrenados para manejarlas, más errores.

Existen pocas escuelas para empleados de banco y menos para banqueros. El bancario y el banquero se hacen en el banco, y esto toma tiempo. No es de extrañar, por lo tanto, que cuando –frente al auge de las fluctuaciones cambiarias– muchos bancos quisieron improvisar operadores de cambio, se produjeran catástrofes debidas a la inexperiencia de dichos operadores.

Si se tuviesen estadísticas de los errores cometidos por los bancos, es seguro que las mismas asustarían pero, además, estas estadísticas no reflejarían ni de lejos la realidad, pues solo computarían los errores descubiertos, ¡que son la minoría! En efecto, el error –como el crimen– se descubre cuando algo sale mal. Pero hay miles y miles de errores que no se revelan nunca. Para ser un buen banquero es necesario olfato, sentido común, experiencia, pero lo que más se necesita es suerte.

El cliente también se queja de que los errores de los bancos son siempre en beneficio propio. Se trata evidentemente de una infame calumnia. Lo que ocurre es que las equivocaciones cometidas en su perjuicio son las que los clientes descubren, las que señalan al banco. Los bancos, al contrario, aunque rara vez pagan por sus errores, por lo menos los reconocen. De este modo, dan al cliente una importante satisfacción moral y tema para sus renovadas críticas. Pero incluso si hubiese algo de cierto en esa aseveración, no habría que ver en esto algo intencional. Simplemente, los bancos tienen suerte.

Los usuarios de servicios bancarios se quejan de que los bancos no asumen responsabilidades y de que, en general, no quieren responder por los errores cometidos por los clientes. Los bancos sí asumen responsabilidades y toman riesgos importantes. El banco es responsable si comete cualquier equivocación en la revisión de documentos entregados en utilización de un crédito documentario, también es responsable si entrega a un cliente documentos que le fueron remitidos al cobro, omitiendo hacer cumplir al beneficiario algún requisito de la cobranza. Pero el banco no es responsable si la mercadería que llega no es la esperada por el importador, ni tampoco lo es por pérdidas en el correo, ni por demoras involuntarias de sus servicios, ni por errores cometidos por un corresponsal (muchas veces elegido por el cliente). En la mayoría de los casos, el banco actúa como intermediario. El cliente se olvida, a veces, de que el banco no es una compañía de verificación e inspección, ni compañía de seguros, ni bufete de abogados, ni agencia de información. Las modestas comisiones cobradas no alcanzarían para cubrir tantas actividades y responsabilidades. Cuando un cliente se queja de que una cobranza no le es pagada por el girado y le echa la culpa a la falta de diligencia del banco, se olvida de que existe un sistema más seguro para cobrar una exportación que es la apertura de un crédito documentario aunque sea algo más caro.

Hace poco, un cliente se presentó a un banco exigiendo que se hiciera cargo de una multa que le imponía la aduana debido a un error cometido por el servicio de cobranzas. Verificado el caso, se constató que la falta realmente había existido, pero que la misma no era la causante de la multa. Se excusó el banco por la falta cometida por su servicio, pero se negó, claro está, a pagar una multa de la cual no era causante ni responsable.

Los clientes también se quejan con frecuencia del exceso de burocracia. Los créditos deberían ser concedidos sin tomar informes, sin exigir balances, sin conocer el destino de los fondos y sin averiguar (ya que hacerlo constituye una insolencia imperdonable) cuáles serán las fuentes de fondos que asegurarán el reembolso del préstamo. Pensar en el reembolso de un crédito, en el momento de otorgarlo, es realmente poner la carreta antes que los bueyes. Por el momento, que se conceda el crédito; en cuanto a su repago, ¡ya cruzaremos ese puente cuando lleguemos a él!

Pero lo que más ofusca a un cliente es que el banco tome informes sobre él y exija recomendaciones para abrirle una cuenta corriente. Lo que el cliente no tiene en cuenta es que no hay nada más peligroso para un banco que abrirle una cuenta a un desconocido, porque puede colarse tanto una persona honesta como un sinvergüenza disfrazado de cliente.

Los gobiernos

Mientras la situación de un país es próspera y su economía funciona, los bancos pueden trabajar en un ambiente de relativa tranquilidad. Pero tan pronto la liquidez monetaria o el tipo de cambio dan signos de inestabilidad, tienen que esperar, con cierta filosofía y resignación, que se les eche la culpa del deterioro, ya que los políticos, ya sean de la oposición o del partido del gobierno, no dudan en acusar a los bancos cuando lo estiman conveniente. Por ejemplo, cuando, por exceso de especulación, se desencadena la inflación o se produce una devaluación de la moneda, los bancos son casi siempre los responsables. Sin embargo, la especulación es como la fiebre, solo un síntoma de que la economía está enferma; no provoca los problemas económicos, los delata.

Cuando un sector de la economía no se desarrolla de acuerdo con lo deseado o a lo pronosticado, también la responsabilidad suele ser de los bancos, que no atienden crediticiamente a dicho sector de acuerdo con sus necesidades. No es, claro está, porque las autoridades responsables no han creado los incentivos necesarios o las condiciones requeridas. En esos casos, a veces se dan instrucciones a los bancos de colocar perentoriamente un porcentaje de sus disponibilidades en esa área de actividad. Para cumplir con la obligación que les es impuesta, los bancos precipitan la colocación de fondos en sectores que conocen mal, con un estudio a veces precario de la situación y de las posibilidades reales del beneficiario. Las consecuencias no se hacen esperar: crecen los deudores morosos, los créditos incobrables y los litigios. De inmediato, la prensa, ni corta ni perezosa, acusa a los bancos que tratan de recuperar el dinero colocado (que, después de todo, es del público) de no tener conciencia social, al perseguir despiadadamente a los pobres deudores del área afectada que, para colmo, con frecuencia han destinado esos fondos a actividades que no tienen nada que ver con la que se trata de fomentar.

Incluso puede ocurrir que, cuando los bancos se ven asediados por continuos asaltos a mano armada, frente a la impotencia de las fuerzas de represión del delito, se les acusa de no tomar suficientes medidas de seguridad. En otras palabras, los bancos son culpables de dejarse desvalijar y se podría hasta sospechar, de su parte, cierta complacencia. Por consiguiente, ¡se les amenaza con bien merecidas multas! Y es así como el banco robado se encuentra frente a delincuentes impunes, una compañía de seguros que encuentra un sinfín de motivos para no pagar, ¡y una sabrosa multa por encima!

Asaltantes

También ha estado en auge la modalidad de los asaltos, ya sea por parte de las organizaciones terroristas o por delincuentes comunes. Ambos parecen considerar que los clientes de los bancos no deberían tener el monopolio sobre el

"La televisión no ha escatimado esfuerzos para proveer ideas
sobre cómo asaltar un banco."

acceso a los fondos de sus depositantes, ya que los bancos son instituciones de servicio público. Además, parecen haber llegado a la conclusión de que asaltar un banco es mucho más rápido y práctico que pasar por los fastidiosos trámites burocráticos necesarios para obtener un préstamo, aun cuando este no se piense devolver.

La industria cinematográfica, la televisión y algunos autores especializados no han escatimado esfuerzos para proveer, a asaltantes potenciales desprovistos de imaginación, una cantidad de brillantes ideas sobre cómo robar un banco, en forma totalmente gratuita. Si hasta hemos visto películas en las que las aburridas hijas de millonarios, a veces, encuentran más divertido participar en el asalto a un banco que tener que pedirle plata a papá.

203

Los estafadores

Todo banquero que, como pasatiempo, asiste a la proyección de una película en la que un grupo de improvisados bandidos cavan túneles y perforan paredes (tratando de llegar al tesoro de una institución bancaria), no puede menos que sonreírse y sentir cierta lástima por los pobres diablos que pasan días y noches en un esfuerzo agotador por alcanzar el fin que justifica todos los medios: el dinero.

En efecto, todo banquero sabe cuánto más vulnerable es un banco desde adentro que desde afuera. El peligro mayor para un banco es el funcionario infiel que trabaja silenciosamente, con o sin complicidad externa. El ingenio desplegado y la versatilidad demostrada por funcionarios deshonestos o corruptos provoca, entre los banqueros, reacciones de asombro y pavor, similares a las de mucha gente frente a invenciones como la bomba atómica o la de neutrones. ¡Si tanto ingenio fuera usado para el bien!

Cuando se habla de la vulnerabilidad desde adentro, no hay que tomar solo en cuenta el personal del banco, sino también a los clientes del mismo.

Es muy frecuente la indignación de un cliente cuando viene a abrir una cuenta en un banco mediante un depósito, por el hecho de que existe una serie de requisitos que incluyen el pedido de referencias y la toma de informes. El (a veces sincero y a veces hipócrita) candidato a una cuenta bancaria exclama:

—¡Pero si yo les vengo a depositar dinero, no les estoy pidiendo un préstamo!

Es que las cuentas bancarias pueden ser manipuladas de un gran número de maneras y la mayoría de las estafas son canalizadas por intermedio de ellas. El solo hecho de tener una cuenta en el banco, aunque sea de saldos modestísimos, hace pasar a una persona de la categoría de "desconocido", digna de toda sospecha, a la de "cliente", digna, teóricamente, de toda confianza.

La tendencia natural, por ejemplo, en la ejecución de una orden de pago, será de gran cautela si se realiza por caja a un beneficiario desconocido, mientras que podrá existir una cierta superficialidad en el examen de una orden de pago que debe acreditarse en la cuenta de un cliente. La existencia de una cuenta es tranquilizadora para los funcionarios y empleados del banco. Además, aun para el bancario acostumbrado a trabajar con elementos abstractos, el manejo de simples cifras no provoca la misma atención que la manipulación de billetes que el cajero ve y siente entre sus dedos. Abonarle un importe a la cuenta de un anónimo señor Fulano no provoca reacción alguna, mientras que abonarlo por caja a un señor Fulano con cara de bandido puede ser preocupante.

Por más precauciones que tome un banco y por más controles que establezca, su mejor garantía contra eventuales estafas es la cuidadosa selección de su clientela.

Pensar que ciertas normas, sistemas, verificaciones y condiciones pueden impedir que un cliente deshonesto perjudique al banco, es incurrir de entrada en una peligrosa subestimación de ese cliente y de la capacidad inventiva que demuestran los estafadores.

Aunque es mucho más difícil para un banco elegir a sus clientes que para los clientes elegir un banco (debido al gran número de clientes que tiene cada institución), tiene todo el derecho de hacerlo. La mejor manera de evitar los problemas que pueden surgir de una relación con personas de dudosa reputación no es someterlas a mayor vigilancia, sino evitarlas.

Un cliente que quiere efectuar un pago a un tercero dentro del país, generalmente lo hará por intermedio de su banco. A ese efecto, puede presentarse en el banco personalmente para entregarle la orden correspondiente en una carta o un formulario debidamente firmado. El banco ejecutará tal orden siempre y cuando la firma del cliente esté debidamente registrada en la institución y su cuenta tenga fondos suficientes, claro está. O el cliente puede preferir ordenar el pago vía Internet o por fax, en cuyo caso siempre deberá identificarse con una clave personal que le haya sido otorgada por el banco.

El mismo procedimiento se utiliza si una orden de pago es a favor de un beneficiario en otro país. En este caso, el banco del ordenante transmitirá la orden de pago a un banco corresponsal en el país del beneficiario mediante el envío de un télex autenticado por "Swift". A veces, clientes que están en el exterior envían a su banco instrucciones, por vía telegráfica, de efectuar pagos por el débito de su cuenta con el mismo. Siguiendo las normas de prudencia arriba indicadas, tales órdenes de pago a favor de terceros, no autenticadas con una clave, no se ejecutan.

¿Qué ocurre cuando una orden de pago telegráfica de este tipo supone simplemente una transferencia de fondos de la cuenta del cliente con el banco, a la cuenta del mismo cliente con otro banco?

A primera vista podría parecer que no existe peligro en la ejecución de la orden. Sin embargo, si bien las dos cuentas pueden estar a nombre de la misma persona, puede existir un poder a favor de un tercero sobre una de ellas, y no sobre la otra, ¿y quién nos asegura que el telegrama recibido no ha sido justamente enviado por ese tercero?

En el manejo de créditos documentarios, es obvio que el mayor riesgo que toma un banco es el crediticio en relación al ordenante, sea este un cliente o un banco del exterior por cuenta del cual confirma el crédito. Las instituciones bancarias se preocupan mucho menos por la responsabilidad y seriedad del beneficiario, ya que este frecuentemente no es cliente del banco y no existe con él una relación crediticia. Sin embargo, es importante que un banco conozca la empresa o la persona a favor de quien confirma un crédito, aun teniendo en cuenta que lo hace por cuenta y orden de un corresponsal del exterior.

No hay que olvidar que el banco confirmante o negociador de un crédito documentario tiene, por lo menos, la responsabilidad de la verificación de los documentos que le serán entregados por el beneficiario del crédito. Por mejor personal que tenga la institución bancaria, un error humano en la verificación de documentos es frecuente y fácil de cometer. Es mucho menos probable que documentos imperfectos –o aun fraguados– puedan ser entregados por parte de un beneficiario conocido y serio. Más peligroso es recibir documentos de una firma o persona no conocida, siendo directamente absurdo el recibirlos si se tienen informes desfavorables sobre el beneficiario.

Es por esto que, independientemente de la seriedad y responsabilidad del ordenante, y sin que este deba sentirse ofendido por este hecho, un banco puede y debería negarse a abrir o confirmar créditos documentarios cuando el beneficiario de los mismos no sea de su agrado.

Citemos un ejemplo: los servicios de un banco recibieron varias solicitudes de confirmación de crédito documentario de un excelente corresponsal del exterior.

Llamaron la atención, sin embargo, las características siguientes:

1) A pesar de ser por cifras relativamente importantes, los créditos documentarios llegaron por correo y sin que hubieran sido preavisados por télex.
2) Estaban emitidos a favor de una persona física, y no de una empresa.
3) El pago estaba previsto contra presentación de un simple conocimiento de embarque por vía terrestre, en vez de contra un juego completo de documentos de embarque.

Al solicitarse confirmación telegráfica al banco corresponsal, se pudo constatar que los créditos documentarios eran fraguados.

Por supuesto, estafadores más sofisticados hubieran podido abrir estos créditos documentarios a favor de una pequeña empresa creada a este efecto y hacerlos pagaderos contra presentación de un juego completo de documentos, ya que, si el presunto beneficiario era capaz de falsificar un conocimiento, debía ser capaz de falsificar también los demás documentos requeridos.

Todo es posible pero, por suerte, los estafadores prefieren simplificarse la vida, y los bancos deben tener esto en cuenta.

Bancos

Uno pensaría que tantos problemas comunes y permanentes amenazas serían elementos suficientes para crear un gran espíritu de solidaridad entre los banqueros. La realidad, sin embargo, es bien distinta y, como si todas nuestras calamidades no fueran suficientes, debemos, además, cuidarnos los unos de los otros. No es infrecuente que, al tener que elegir una toma de posición entre un cliente y un banco corresponsal (o sea un colega), el banquero elija defender a su cliente aun cuando sabe perfectamente que este actúa de mala fe.

Recuerdo el caso de un banco norteamericano que solicitó a un banco corresponsal confirmar un crédito documentario. Entre los documentos enviados por el corresponsal faltó un elemento sin trascendencia, exigido por el crédito documentario. El cliente rechazó la documentación por este hecho, aun cuando era obvio que la falta del elemento en cuestión no constituía ningún problema ni perjudicaba en nada a ninguna de las partes involucradas. También resultó obvio que este hecho era utilizado por el cliente como pretexto, en vista de que la operación había dejado de interesarle.

Desde la óptica estrictamente técnica y legal, la posición del cliente era inatacable, pero desde el punto de vista moral era evidente que estaba aprovechando un error involuntario del banco corresponsal, perjudicándolo. El único que hubiese podido hacer presión sobre el cliente para que desistiera de su poco elegante posición era obviamente el banco emisor. Pero, sin embargo, este prefirió perder un buen corresponsal antes que un mal cliente.

Otro caso verídico fue el de un fraude perpetrado mediante el envío de una serie de cobranzas documentarias que no respaldaban operación comercial alguna. Cuando se detectó el fraude, se solicitó al banco remitente informes completos sobre el girador, contestando dicha institución bancaria que no podía proveerlos en vista de que el girador no le era conocido. La respuesta era, por lo menos, sorprendente y demostraba una evidente intención de proteger a un cliente de dudosa moralidad.

Un ejemplo más: el de dos bancos de Hong Kong que remitieron por cuenta de un mismo cliente documentos al cobro por intermedio de un banco latinoamericano. Al haber cometido este último un error en la entrega de los documentos a la empresa girada, el ordenante solicitó a ambos bancos de Hong Kong iniciar acciones legales contra la entidad latinoamericana.

En este caso, también se pudo comprobar que existían irregularidades en el manejo de la operación comercial correspondiente. El banco latinoamericano, aun reconociendo su error, solicitó a sus corresponsales únicamente sugerir al cliente iniciar negociaciones directas con él. Esto era factible según las "Reglas y usos para cobranzas", cuyo artículo 3 establece que el banco remitente no puede ser hecho responsable por un error cometido por su corresponsal, y, por otra parte, en este caso la situación era aún más clara por ser el propio cliente quien había solicitado a sus banqueros en Hong Kong la utilización del banco latinoamericano en cuestión.

La solicitud del banco latinoamericano se debía a que cualquier negociación debía resultarle más cómoda teniendo frente a sí una empresa con la cual hasta ese momento no había mantenido relaciones y que, además, tenía conocimiento de haber actuado en forma incorrecta, que teniendo que enfrentar a un banco corresponsal; con el agregado de que también se evitaba así cualquier roce que pudiese afectar las relaciones generales entre las instituciones. Uno de los bancos, entendiendo esta posición y amparándose en su derecho, solicitó al cliente dirigirse directamente al banco latinoamericano, mientras que el otro banco, en idéntica situación, se rehusó a hacerlo. La empresa era un cliente importante del segundo banco, y este confesó con cierto cinismo que su actitud se debía a esa situación.

Aun en las asociaciones de bancos, es difícil lograr que los bancos se pongan de acuerdo.

Recuerdo un caso en que una asociación de bancos trató de establecer una tasa común para un cierto tipo de transacción. La mayoría de los bancos manifestó estar de acuerdo, a condición de que hubiese unanimidad. Al votar, se consiguió la aprobación de todos menos uno. Para salvar la situación, se pidió a todos los bancos que estaban de acuerdo con la propuesta que votaran nuevamente, estableciendo que el voto fuera válido por unanimidad menos uno. Cuando se votó esta nueva propuesta, todos los bancos votaron a favor menos uno, ¡con lo cual se llegaba a la unanimidad menos dos! Por ende, la moción no prosperó.

CAPÍTULO 19

LA IMAGEN DEL BANCO

Nadie quiere a los bancos

El público les tiene desconfianza, la prensa los ataca y los gobiernos los usan como chivos expiatorios, y creo que la culpa es de los banqueros porque no saben defender su imagen. Es que la función principal del banco es prestar dinero, y ¿quién le tiene cariño o respeto a su acreedor?

Los banqueros suelen estar demasiado ocupados para preocuparse por su imagen sea porque no le dan importancia o porque no creen que el tema sea prioritario. Lamentablemente nunca lo fue, no lo es hoy y es probable que no lo sea en el futuro. Vivimos en un mundo dominado por el síndrome del corto plazo y la imagen de una institución solo puede construirse y mejorarse a largo plazo, con paciencia y perseverancia.

Los bancos y la sociedad

Los bancos suelen mantener relación con el gobierno del país en el que están establecidos, con el o los entes creados para supervisarlos, con sus clientes, sus empleados, la prensa, las asociaciones bancarias, los demás bancos y el público en general, o sea, están en contacto permanente con todos los sectores de la sociedad. Estas relaciones frecuentemente están plagadas de dificultades y fricciones, debidas, principalmente, a una serie de malos entendidos y a la falta de comunicaciones adecuadas. Aun si consigue mejorar su imagen, la banca no hará desaparecer ninguno de sus problemas por arte de magia. Pero una banca prestigiosa y respetada podría encararlos con mayores posibilidades de éxito.

La supervisión de la banca

Los sistemas bancarios de las tres Américas han pasado por trances difíciles. Sin embargo, quizás nunca tuvieron que enfrentar tantos problemas a la vez como en los últimos tiempos. En este momento, tienen que sobrevivir a la globalización financiera, las recesiones, las fusiones, la multiplicidad y complejidad de sus operaciones, la excesiva mecanización de las mismas, las nuevas y complejas recomendaciones del Comité de Basilea, así como el agobio y alto costo de tener que cumplir con las múltiples y constantemente renovadas exigencias de las autoridades de supervisión con respecto a la prevención del lavado de dinero.

Hoy no existe una industria más regulada en algunos aspectos y menos regulada en otros que los bancos comerciales. Frente a esta falta de claridad en su supervisión, el cambio frecuente de sus estructuras y el consiguiente desorden de sus organizaciones, no es sorprendente que los funcionarios y empleados de los bancos nunca hayan tenido tan poca formación bancaria y sus clientes hayan sido tan mal atendidos. Por eso, además de arrastrar el peso de su pasado, la banca debe resolver los problemas del presente y la incertidumbre de su futuro.

El futuro de la banca

Frente a este panorama preocupante, los bancos no pueden permitirse una actitud pasiva y pesimista.

Como todo el mundo, los bancos cometen errores por los que son violentamente criticados y atacados. Pero los aspectos positivos de su actividad son frecuentemente ignorados. La banca constituye el sistema circulatorio de la economía y su desempeño eficiente beneficia a toda la sociedad. Se argumenta que tiene una responsabilidad social y es así, efectivamente. Pero a los banqueros se les suele pedir demasiado. Además de banqueros deben ser policías, recolectores de impuestos, filántropos y proveedores de fondos para el Estado. A un dentista no se le pide que, además de odontólogo, sea ingeniero, cambista y zapatero. Para un banquero, la mejor manera de cumplir con su responsabilidad hacia la sociedad consiste en ser un buen banquero. Y esto ya es harto difícil.